Walter Kraul

Spielen mit Feuer und Erde

Werkbücher für Kinder, Eltern und Erzieher

8

Herausgegeben von der
Internationalen Vereinigung der Waldorfkindergärten

Walter Kraul

Spielen mit Feuer und Erde

Verlag Freies Geistesleben

Walter Kraul, geb. 1926, studierte Mathematik und Physik. Wissenschafliche Arbeit am Sonnenobservatorium Wendelstein. Ab 1953 war er Lehrer an der Rudolf-Steiner-Schule München. Entwurf, Herstellung und Vertrieb von Lehrmitteln und Spielzeug.

ISBN-13: 978-3-7725-1648-1
ISBN-10: 3-7725-1648-3

5., überarbeitete und erweiterte Auflage (Neuausgabe) 2006

Verlag Freies Geistesleben
Landhausstraße 82, 70190 Stuttgart
Internet: www.geistesleben.com

Einband: Thomas Neuerer unter Verwendung eines Fotos
von Hartmut Pöstges
Zeichnungen: Reinhart Heinsdorff
Fotos: Peter Schreyer und Walter Kraul
Druck: Westermann Druck, Zwickau

Inhalt

Einleitung

Während die Elemente Wasser und Luft, die im vorangehenden Buch dieser Reihe beschrieben sind (Walter Kraul, *Spielen mit Wasser und Luft,* Stuttgart, 6. Auflage 2003), unmittelbar dem Spiel dienen können, ist dies mit Erde und Feuer meist in indirekter Weise möglich; aber deswegen bereitet die Beschäftigung mit ihnen nicht weniger Freude. Das Spiel mit den Elementen kann natürlich immer Gefahren in sich bergen, die es auszuschließen gilt. Dabei spielt das Alter des Kindes eine entscheidende Rolle, auf das das Spiel sorgfältig abgestimmt sein muss; schon erworbene Erfahrungen und Geschicklichkeit werden einbezogen. Bei älteren Kindern geht das Spielen in ein Experimentieren über.

Als Spiel mit der Erde soll hier jede Beschäftigung gelten, die mit der Materie, insbesondere mit deren Schwere, in Zusammenhang steht, gleichgültig, ob die Schwere zum Antrieb eines Mechanismus dient, ob sie in sinnreicher Weise überwunden oder besonders stark empfunden wird.

Beim Feuer ist hier an das Spiel mit dessen Wirkungen, mit der Wärme und mit dem Licht gedacht, nicht an ein bloßes Zündeln. Wiederum sind insbesondere solche Vorrichtungen ausgesucht, bei denen durch die Kraft des Feuers etwas angetrieben wird oder wundersame Wirkungen entstehen. Dabei sind tunlichst kleine Feuer im Spiel, die Flammen nur so groß, wie sie zu dem Zweck sein müssen. Das Feuer wird behütet und in Schach gehalten. Ein sinnvoller Umgang mit dem Element wird geübt.

In diesem Büchlein werden, ebenso wie im vorhergehenden Band, Tüftler ihre Anregungen finden. Leicht und schwierig herzustellende Spiele wechseln in regelloser Folge ab. Über Anregungen zu freier Gestaltung im Rahmen der Naturgesetze soll auch dieses Büchlein nicht hinausgehen; bis in alle Einzelheiten ausgeführte Bauvorschriften findet man hier nicht. Oft wird die Hilfe älterer Geschwister oder der Eltern nötig sein. Das eigentliche Spiel ist das Ausprobieren, so lange, bis die Sache gut funktioniert. Eine exakte Beobachtung und sinnvolle Beachtung der einfachen Naturgesetze in geschickter Weise ist gefordert. Hier gibt es keine Theorie, nur die Praxis gilt. Der störungsfreie Lauf der gebauten Vorrichtung ist die Bestätigung und Befriedigung. Auch dieser Band ist mehr für Eltern und Erzieher geschrieben, weniger für Kinder.

Erster Teil: Spiel mit der Erde

Das unmittelbare Spiel mit der Erde geschieht im Sandkasten oder an den Sandstränden der Meere. Da lässt sich das Element nach Herzenslust formen und in Verbindung mit Wasser bis zu einem gewissen Grad festigen. Später wandelt sich das Spiel in eine ernsthaftere Beschäftigung um: Was für ein Segen, wenn das Kind ein Beet im Garten selbst bestellen darf! Mit etwas größeren Kindern werden wir bei Gelegenheit eine Höhle oder ein Bergwerk besuchen – auch das sind tief greifende Erlebnisse an der Erde. Und der griffige Fels reizt zum Klettern.

Jede Knetmasse, ob Ton, Plastilin, das edle Bienenwachs oder eine andere Masse, ist eine Auseinandersetzung mit der Erde in besonderer Art. Hiermit kann man künstlerisch formen, zwar in kleineren Mengen, aber freier als im Sandkasten. Verschiedene Farben stehen zur Verfügung.

Im Winter spendet uns der Himmel das sonst flüssige Element in fester Form, und unter Jubelgeschrei wissen es die Kinder zu nutzen: Schneemänner bauen sie und Schneeburgen, auch Schneehöhlen, und mit Schneebällen bewerfen sie sich gegenseitig. Auch dies sind Spiele mit der Erde, wenn man diese stellvertretend für alles Feste betrachtet.

Holz – was ist das anderes als pflanzlich aufgestülpte Erde, auf der in luftiger Höhe Blätter, Nadeln und Blüten wachsen? Auch eine weniger geübte Hand kann Holz zum Spielzeug formen, wie das früher in Bauernstuben an Winterabenden geschah, als es noch keinen Fernseher

Abb. 1: «Kühe» aus Astholz

gab und man anspruchsloser war, als aber Kinder noch eine kräftige Fantasie hatten. In alten Büchern findet man gelegentlich Beispiele rührender Spielzeuge. Im Spielzeugmuseum in Salzburg ist eine Herde Rinder aus Aststückchen ausgestellt (Abb. 1). In Waldorfkindergärten spielt man mit naturbelassenen Aststückchen, noch besser mit wilden Wurzelstücken – alles Spiel mit der Erde in einem erweiterten Sinn.

Die Erde als Ganzes ist eine Kugel. Das kleine Abbild davon ist der Ball. So ist eigentlich jedes Ballspiel ein Spiel mit der Erde, gleichgültig, ob es um das Fangen und Werfen geht, um das Rollen oder um die Freude am Wiederhochspringen, immer ist die Auseinandersetzung mit der Schwere im Spiel. Gleiches gilt von den Spielen mit Kugeln, die in allen Landen andere Namen haben: Murmel, Schusser, Klicker ... (Abb. 2). Die Damen und Herren treffen sich beim Kegeln und auf dem Tennisplatz. Das alles sind Spiele mit der Schwere.

Zurück zum Kinderspiel. Es gibt klassische Spielzeuge, die nicht vergessen werden mögen, wenn wir einmal von den vielen verschiedenen Ballspielen absehen. Da ist z.B. das Stehaufmännchen in verschiedenen Variationen, dann der Kreisel in allen möglichen Formen und Größen, das Jo-Jo, das mit Schwung eine Schnur hochklettert, und schließlich der Reifen, den man mit Geschick im auf-

Abb. 2: Spiel mit Murmeln

rechten Lauf hält. Abgesehen vom Stehaufmännchen müssen alle Spiele gut geübt sein. Sie überwinden die Schwere und setzen deshalb in Erstaunen. Oder sind wir heute so abgestumpft, dass wir über einfache Phänomene nicht mehr staunen können?

Bevor wir mit der Beschreibung einzelner Spielzeuge beginnen, muss noch die Schaukel erwähnt werden, in allen Variationen: als Wippe, als Seilschaukel oder am Jahrmarkt als Schiffschaukel, die rundum geht. Beim Schaukeln erlebt man am Umkehrpunkt für einen Moment die Schwerelosigkeit und am Tiefpunkt eine entsprechend größere Schwere – Erlebnisse am eigenen Körper. Und das Fahren in der «Seifenkiste» mit den Kinderwagenrädern darunter, irgendwo bergab, auch das ist ein Erlebnis mit der Schwere (Abb. 3).

Abb. 3: Die fahrende «Seifenkiste»

Steintürme

Wanderer kennen die «Steinmännchen», die im Gebirge oft den Weg markieren. An manchen Stellen findet man mehr, als nötig sind. Da haben offensichtlich Erwachsene gespielt (Abb. 4).

Abb. 4: Steinmännchen in den Alpen

Abb. 5: Steintürme bauen an der Isar (Foto: C. Baumgartner)

Abb. 6: Von Kindern gebaute Steintürme (Foto: C. Baumgartner)

Auch Kinder bauen gerne Steintürme. Diese Tätigkeit kann sogar zu einer Kunst erhoben werden. Es gibt Menschen, die sich ernstlich damit auseinander gesetzt haben, wie Clemens Baumgartner (www.clemens-art.de). Er schreibt: «Aus meiner Erfahrung an der Arbeit mit Kindern erlebe ich immer wieder, wie mehrere Kinder in fast absolutem Schweigen und höchster Konzentration wunderbare Steintürme bauen. Es scheint, als würden die Steine selbst die Kinder anleiten.» (Siehe dazu Abb. 5 und 6.)

Steine sammeln

Kinder und auch Erwachsene sammeln gern alle möglichen Dinge, darunter auch Steine, die festesten Vertreter des Elements Erde. Kiesstrände an unseren Seen, Flüssen und am Meer sind für das Barfußlaufen beim Baden eher unangenehm, aber für Sammler sind sie ein Paradies. Im bewegten Wasser haben sich die zunächst scharfkantig gebrochenen Steine gegenseitig rund geschliffen, sie fassen sich jetzt als «Kieselsteine» angenehm an.

Steine mit weißen Adern sind eine Besonderheit. Manchmal treten sie in Kreuzesform auf (Abb. 7). Mit Adersteinen lassen sich Figuren legen, Kreise und Spiralen zum Beispiel (Abb. 8 und 9). Solche «Kunstwerke» können im Sand der Fundstelle liegen bleiben, dann freuen sich vielleicht noch mehr Menschen darüber.

Besondere Steine können aber auch auf einer geeigneten Unterlage fixiert werden (mit Zwei-Komponenten-Kleber). Diese Tätigkeit noch etwas weiter entwickelt führt zum Legen von Mosaiken. In Bastelgeschäften gibt es die dazu nötigen Anleitungen und Utensilien.

Manchmal begegnet man Steinen, die ein Gesicht haben oder durch eine kleine Nachhilfe eines bekommen (Abb. 10).

Und dann gibt es auch Edelsteine an besonderen Fundstellen. Einen Bergkristall selbst zu finden bedeutet großes Glück. Vielleicht wird man einmal von einem «Strahler»

Abb. 7: «Kreuzsteine»

Abb. 8: Ein Steinkreis

Abb. 9: Steinspirale

Abb. 10: Ein Gnom

(so nennt man in der Schweiz einen Kristallsucher) mitgenommen. Wer keinen kennt, schließt sich vorteilhaft einer Mineraliengruppe an.

Gewichte schätzen

Dieses Spiel eignet sich für Kindergeburtstage. Eine Küchenwaage ist vorhanden; dazu sammelt man mannigfache Gegenstände, verschieden groß, verschieden geformt, aus verschiedenem Material, alle etwa gleich schwer: Metalle, Hölzer, Pappen, Steine, Stoffe; man kann Werkzeuge, Bücher, Kissen, Geschirr, Wäschestücke, eventuell Lebensmittel und noch viele andere Gegenstände nehmen. Nun braucht man nur zwei Fragen zu stellen: Welcher Gegenstand ist der leichteste, welcher der schwerste? Wie sehr kann man sich täuschen! Der größte Gegenstand kann der leichteste sein und der kleinste der schwerste. Nach gründlichem Abwägen in Kinderhänden entscheidet die Waage.

Schwimmende Steine

Natürlich gibt es Steine, die schwimmen, sie heißen «Bimssteine». Hier ist aber ein spannendes Gesellschaftsspiel gemeint. Dieses Spiel kann sich jeder mit einfachen Mitteln zusammenstellen.

Abb. 11: Das Schwimmsteine-Spiel

Wir brauchen dazu zunächst einen Haufen verschieden großer Steine: von Pflaumengröße bis Erbsengröße und noch kleiner. Dann ist eine mit Wasser gefüllte Schüssel nötig sowie eine flache, leere Konservendose; die lassen wir in der Schüssel schwimmen. Schließlich ist es angebracht, dass jedes mitspielende Kind einen Untersetzer vor sich hat, um den Tisch zu schonen.

Nun kann es losgehen. Reihum nimmt sich jeder Mitspieler einen Stein vom Haufen. Am besten beginnt man mit den ganz kleinen, geht zu den mittleren über und greift erst zum Schluss zu den großen. Wer den letzten

Stein zu sich nimmt, darf ihn gleich in die schwimmende Büchse legen.

Nun geht es anders herum: Jeder Mitspieler legt der Reihe nach einen Stein in das «Schiff». Bald kommt es zu einer kritischen Situation, denn das Schiffchen trägt nicht beliebig viele Steine. Wer schließlich durch seinen Stein den Untergang des Schiffchens auslöst, muss alle Steine im Wasser zu sich nehmen. Er legt anschließend wieder einen Stein in das neuerdings auf dem Wasser schwimmende Schiffchen.

Wer zuerst keine Steine mehr hat, hat gewonnen und schaut den anderen zu. Selbstverständlich darf während des Spiels niemand das Schiffchen anfassen oder gar am Tisch rütteln.

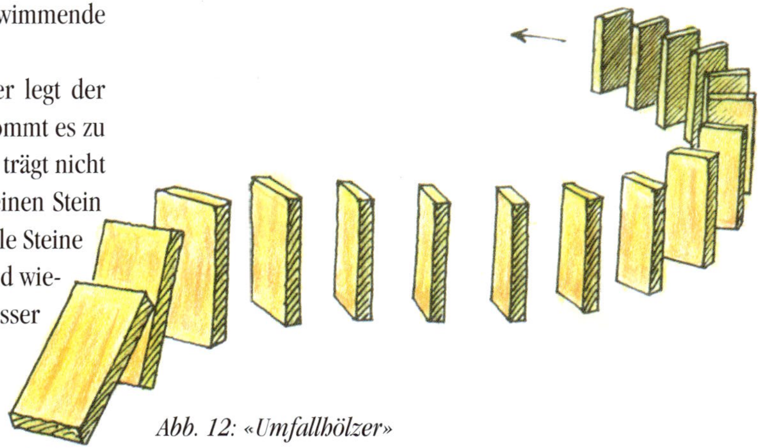

Abb. 12: «Umfallhölzer»

Das Umfallspiel

«Umfallen lassen» macht allen Kindern Spaß. Hierfür sind Dominosteine ein herrliches Material. Bekanntlich geschieht das so, dass einer den anderen gerade noch trifft und diesen auch zum Umfallen veranlasst, eine ganze Reihe, mit Kurven drin. Da hat doch seinerzeit ein Student in Nürnberg in 280 Stunden «Arbeit» dreihunderttausend Steine aufgestellt. Nachts musste das Werk vor Mäusen geschützt werden. In achtzehn Minuten Laufzeit fiel dann der größte Teil davon fahrplanmäßig um, ein neuer Weltrekord. Auch ohne Rekord macht das Umfallspiel Spaß, ebenso wie einen mühsam aus Bausteinen gebauten Turm zum Einsturz zu bringen. Der Turm stürzt chaotisch, während die Dominosteine (oder andere geeignete Hölzer) in vorbereiteter Ordnung fallen.

Das Jo-Jo

Ein Jo-Jo zu bauen ist nicht schwer – eine reizvolle Sache für einen Hobbydrechsler. Verfügt man nicht über eine Drechselmaschine, so findet man sicherlich zwei gleich große Scheiben, oder man sägt sie mit der Laubsäge aus. Diese Scheiben dürfen nicht zu dünn sein, sie müssen gewissermaßen Schwungscheiben sein, die das Jo-Jo die Schnur hinaufklettern lassen; mit Pappscheiben geht das gewiss nicht. Sie müssen am Rand innen gut glatt sein, sonst reibt und bremst die Schnur. Die Scheiben werden mit einem Holzdübel im Zentrum verbunden, und bei dieser Gelegenheit klemmen wir gleich ein Schnurende mit ein, geflochtene Perlonschnur ist am besten. Eine Schlaufe an das freie, etwa 1 m lange Ende geknüpft, schon ist das Jo-Jo fertig.

Kürzlich hatte ich ein Jo-Jo in der Hand, größer und schwerer als üblich, mit ca. 5 m Schnur. Man spielte damit vom zweiten Stock aus im Treppenhaus.

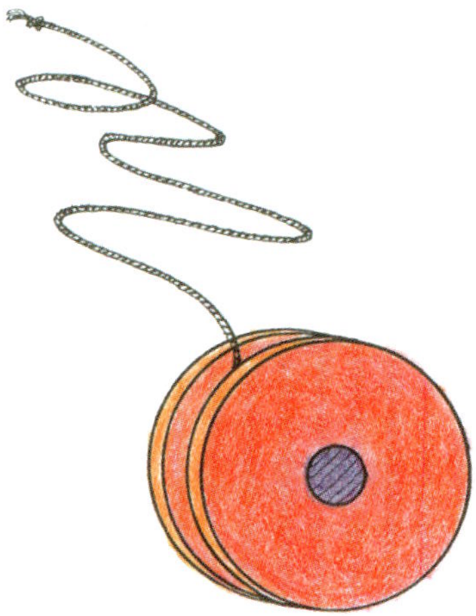

Abb. 13: Jo-Jo

Kreisel

Kreisel gehören gedrechselt, sie tanzen gut und lange auf einem an der Spitze eingetriebenen Polsternagel mit kugeligem Kopf. Frühere Generationen haben ihre Kreisel mit einer Peitsche geworfen und angetrieben. Man ziehe Großväter zu Rat, die können das noch, und Großmütter spielen Diabolo. Warum die heutigen Kinder nicht?

Für Bastler ohne Drechseleinrichtung gibt es Auswege: Ein Rad von einem nicht mehr reparierbaren Kinderfahrzeug aus Holz bekommt einen unten zugespitzten Buchendübel ins Achsloch geleimt, vielleicht sogar einen farbenprächtigen Anstrich dazu, fertig ist der Kreisel.

Wenn wir diesem Modell unten einen relativ langen Stiel geben, hat dieser Kreisel eine ganz merkwürdige Eigenschaft: Wir lassen ihn in einer Kiste tanzen, die Wände bremsen ihn nicht bei Berührung, sie stoßen ihn merkwürdigerweise ab. Es gibt Spiele, die beruhen auf diesem Phänomen: Man stellt die Kiste – eine alte Kommodenschublade eignet sich vorzüglich dazu – etwas schräg auf. Innen hinein bastelt man einzelne Querwände mit Durchgängen drin. Dieser Kreisel wird mit einer umwickelten Schnur in einer Haltevorrichtung gestartet. Derjenige hat gewonnen, dessen Kreisel am weitesten hindurchkommt (Abb. 14).

Jedes laufende Rad ist im Grunde genommen auch ein Kreisel. Früher sah man Kinder, die sich ein Rad von

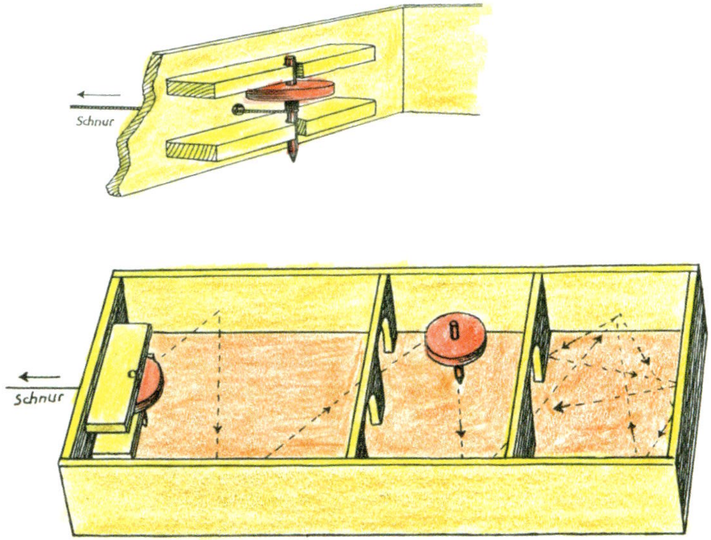

Abb. 14: Ein Kreiselspiel

Abb. 15: Der Kugelkreisel

einem ausrangierten Kinderwagen ergattert hatten und dieses mit einem Stock an der Achse im Lauf kunstvoll dirigierten. Warum ist dieser nette Sport eigentlich aus der Mode gekommen?

Ein anderer Kreisel lässt sich aus einer Holzkugel machen. Er überrascht uns mit der Angewohnheit, sich während des Tanzens umzudrehen, bis er auf der Spitze steht. Dieses kleine Wunder geschieht nur, wenn der Kreisel oben nicht zu schwer ist. Die Kugel muss dort mit einem dicken Bohrer etwas aufgebohrt werden. Zum Anwerfen bekommt er oben einen kleinen Stöpsel (Abb. 15).

Einen Effekt ganz anderer Art bietet ein kreiselnder Teller. Man halte einen beliebigen Teller hochkant auf den Tisch und gebe ihm eine Drehung. Keine Angst, es passiert dem Teller nichts, falls er weit genug von der Tischkante entfernt ist. Er bietet aber eine erstaunliche Überraschung. Bitte ausprobieren!

Kreisel sind eigenartige Dinger. Ein ganz besonders

Abb. 16: Japanischer Kreisel

eigenwilliges Spielzeug zum Zuschauen gibt es in Japan: Ein flacher Kreisel rotiert in der Mitte eines «Holztellers», der mit einem erhöhten Rand versehen ist. Nun gehören dazu zwei Holzscheibchen, so groß, dass sie, am laufenden Kreisel liegend, von ihm mitgenommen im Tellerrand kreisen. Diese Scheibchen sind verschieden geformt im Profil und etwas verschieden in der Größe. Dadurch kann die eine Scheibe die andere überholen, indem sie unter ihr hindurchschlüpft. Es sei hier der Kuriosität wegen erwähnt (Abb. 16).

Der Zaptarapp

Der Zaptarapp – was ist das? Ganz einfach: Wir nehmen eine in Papier eingewickelte Orange. Wenn keine mit Papier im Hause ist, kann man auch Krepppapier verwenden. Das Papier formen wir zu einem Hut, der die Frucht bis zum Tisch umschließt. Wer will, kann noch ein Gesicht darauf malen – fertig ist der Zaptarapp. Er scheint zu leben! Man stoße ihn auf einem glatten Tisch etwas an, er läuft dann wegen der leichten Ungleichheit in der Orange in ganz eigenartigen Bewegungen. Ständig überrascht er die Zuschauer.

Abb. 17: Zaptarapp

Die Fadenspule

Wenn der strickenden Mutter ein Wollknäuel hinunterfällt, könnte sie versuchen, es am Faden zu sich herzuziehen und es, ohne aufstehen zu müssen, aufzuheben. Der Versuch wird missglücken, einmal deshalb, weil längst ein aufmerksamer Zeitgenosse zu Hilfe eilte, und ein andermal deswegen, weil das Knäuel sich nur weiter abwickelt und sogar davonkullert.

Anders bei einer Garnrolle, insbesondere wenn sie fast leer ist. Wenn man bei ihr geschickt am Faden zieht, kommt sie angerollt und wickelt sich sogar noch dabei auf. Das sollte man einfach einmal probiert haben. Der Faden muss unten auflaufen, und wir ziehen sehr flach, das ist das Geheimnis (Abb. 18). Leider werden so richtig schöne Garnrollen immer seltener. Man kann sich selbst eine machen: aus einem Stück Rundholz und zwei gleich großen Holzscheiben. Je größer der Unterschied der Durchmesser innen und außen ist, desto besser funktioniert es. Etwas Gewicht sollte die Rolle haben.

Zum nächsten Kindergeburtstag beschaffen wir uns einige geeignete, gleich große Rollen und wickeln Fäden um die Wette auf. Vorher ausprobieren!

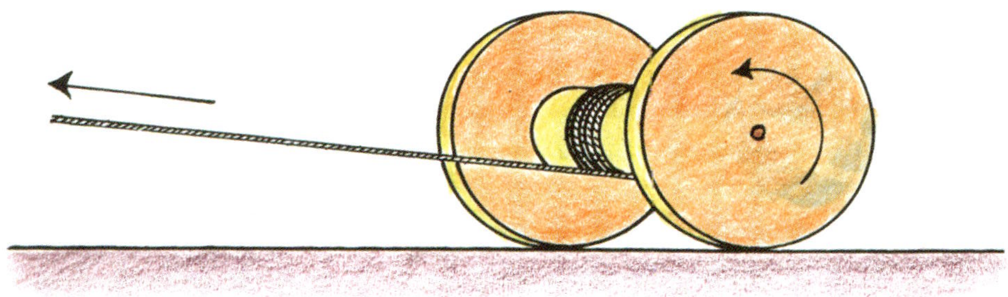

Abb. 18: Die selbst aufwickelnde Rolle.

Die Läufer

Ein Gewicht kann zum Antrieb zweier Läufer dienen. Abbildung 19 zeigt ein käufliches Spielzeug dieser Art. Das Gewicht hängt an einem Faden über die Tischkante hinunter. Die Männchen sind miteinander starr verbunden und wackeln hin und her, wobei sie abwechselnd die Beine belasten. Diese sind ein klein wenig beweglich, dadurch machen die Männchen bei jedem Wackeln einen Schritt nach vorne, bis zur Tischkante, vor dieser bleiben sie prompt stehen, sie fallen nie hinunter (Abb. 19).

Die Männchen nachzubauen ist enorm schwer und wird viele Versuche abverlangen, aber möglich ist es durchaus. Es müssen Gewicht, Größe der Männchen, Schwerpunktlage der Männchen, Beweglichkeit der Beine usw. präzise aufeinander abgestimmt sein. Die Füße sind an der Sohle seitlich abgerundet. Welch Triumph für einen Tüftler, wenn sie dann doch endlich laufen, wie ein Uhrwerk, genau bis an die Tischkante.

Ein ebenso altes Spielzeug ist der Läufer auf der schiefen Bahn. Er läuft quer und hat ein bewegliches und ein festes Bein. Er muss so ausgewogen sein, dass er wackelnd langsam nach unten wandert, ähnlich wie die beiden Männchen an der Schnur. Diesmal ist das eigene Gewicht der Antrieb. Auch dieses Spielzeug wird im Selbstbau viele geduldige Versuche erfordern, bis es einwandfrei funktioniert (Abb. 20).

Abb. 19: Läufer bis zur Tischkante

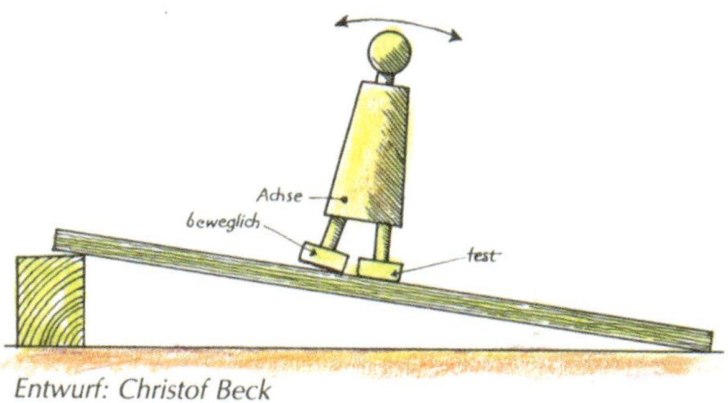

Abb. 20: Läufer, die schiefe Ebene hinunter

Der Barrenturner

Ein uraltes Spielzeug ist der Turner, der am etwas geneigten Barren schwingt. Auch heute noch gibt es dieses Spielzeug zu kaufen, man kann es aber auch ohne viel Mühe selber machen.

Der Barren wird auf einem Brettchen montiert, mit einer leichten Neigung nach einer Seite. Der Turner wird aus einem Sperrholzstück ausgesägt, er bekommt etwas außerhalb seines Schwerpunktes einen runden Stab durchgesteckt. Man kann den Turner auch auf eine Kreisscheibe malen oder die Bemalung weglassen. Die Achse soll jedoch, wie gesagt, etwas exzentrisch sitzen, sonst haben wir nur ein gleichmäßiges Rollen, kein rhythmisches, und das macht gerade Spaß. Zum Start braucht der Turner manchmal einen kleinen Schubs (Abb. 21).

Übrigens kann man die Holme des Barrens auch ganz lang machen und am niedrigen Ende einfach am Boden aufliegen lassen. Was dann wohl passiert, wenn das Rad mit Schwung am Boden aufstößt?

Abb. 21: Das schwingende Rad

Kugelbahnen

Freude kann man empfinden, wenn es gelungen ist, einer Kugel einen Weg vorzuschreiben, wie sie zur Erde rollen soll. So etwas nennt man landläufig eben eine Kugelbahn. Es gibt fertige zu kaufen, bei ihnen ist aber der schönste Teil des Spieles abgenommen: das Ausprobieren, ob es geht. Schafft es die Kugel, mit Anlauf über eine Flachstelle zu kommen oder gar etwas bergauf? Fliegt sie in der Kurve mit zu großem Schwung aus der Bahn? Es ist spannend, bis eine selbst gebaute Kugelbahn einmal richtig funktioniert.

Wie wird sie gebaut? Da gibt es viele Möglichkeiten. Zunächst gibt es fertige Rillen im Handel, sie werden einfach aneinander gelegt.

Wer sich dieses schöne Spielzeug gern selber machen möchte, muss nicht unbedingt eine Fräsmaschine besitzen, er kann einfach an eine Leiste seitlich zwei weitere Leisten anleimen, selbstverständlich im Maß auf die Kugeln, die verwendet werden sollen, abgestimmt. Für Richtungsveränderungen sägen wir die Enden schräg ab. Diese Rinnen geben der Kugel einen sehr sicheren Lauf, ein Herausspringen ist fast unmöglich (Abb. 22).

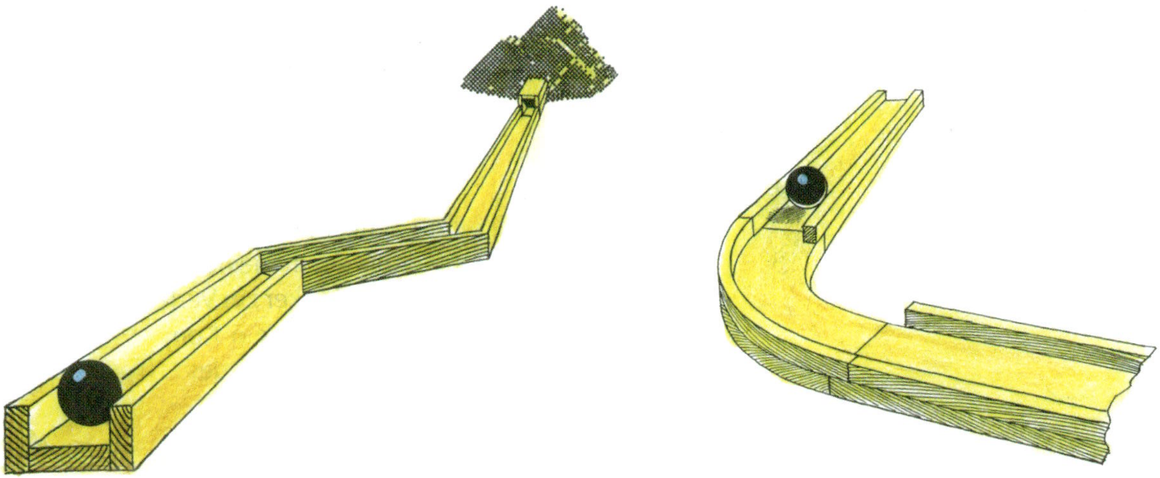

Abb. 22: Rillen für den Sandkasten

Man kann die Bahnen auch herstellen, indem man auf eine breite Leiste quadratische Leistchen nagelt oder leimt. Bei Kurvenstücken genügt es, wenn die Außenseite belegt ist (Abb. 22). Bei diesem System werden die Kurven immer etwas unbefriedigend bleiben. Stufen sind nicht zu vermeiden. Für das Spiel im Sandkasten genügen sie aber vollständig. Ein guter Anfang für die Laufbahn von Kugelbahnbauern! – Übrigens ergeben zwei übereinander gelegte Rillen einen großartigen Tunnel, der im Sand eingegraben werden kann. Gespaltenes Bambusrohr lässt sich auch für eine Kugelbahn verwenden.

Zwischendrin einige Worte zu den Kugeln. Es bieten sich zunächst die käuflichen Spielkugeln aus Ton oder Glas an. In Fachgeschäften für Kugellager gibt es Stahlkugeln in jeder Größe; man kann eine mindere Güteklasse nehmen, das ist billiger. Stahlkugeln sind schwer und laufen daher besonders gut. Aber auch im Haushalt lassen sich brauchbare Kugeln finden, z.B. kugelrunde Holzperlen oder auch Erbsen. Wie gesagt, die Größe der Rinne muss auf die Kugel abgestimmt sein. Die Kugel muss am Boden rollen, zu den begrenzenden Seitenwänden muss etwas Spielraum bleiben.

Bisher war von aneinander gelegten Holzrinnen die Rede. Wie können wir die Kugelbahn variieren? Um es gleich zu sagen: Das Problem liegt immer in den Kurven. Zunächst bieten sich Schläuche an. Ja, Kugelbahnen können ganz aus Schläuchen bestehen, sie können Schlauchbahnen sein, wenn man so will, z.B. im Sandkasten. Nur schade, dass die Kugel dann ganz eingeschlossen, dass jedes Risiko des Herausspringens ausgeschaltet ist. Man kann an eine Kombination denken: Gerade Stücke als offene Holzrinnen, Kurven in flexiblen Schläuchen, etwa denen, die Elektriker zur Verlegung von Kabeln verwenden, das ist ein Kompromiss. Eine Frage der Geschicklichkeit des Bastlers ist es, Rinne und Rohr zu koppeln. Man kann an Gummibänder denken (Abb. 23).

So eine Bahn muss nicht mehr im Sand liegen, sie kann über eine abschüssige Wiese führen, die Rinnen werden

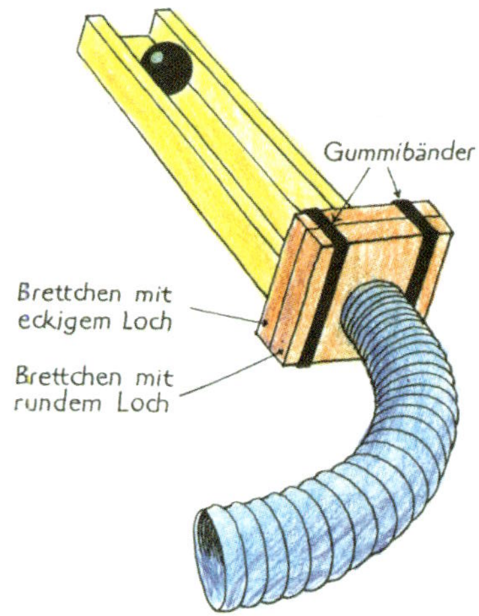

Abb. 23: Ein Stück Schlauch als sichere Kurve

Abb. 24: Statt einer Kurve springt die Kugel

durch eingesteckte Stöckchen gehalten. Auf die Kurvenstücke aus Schläuchen kann man verzichten, wenn man die Kugel springen lässt. Beim Springen der Kugel umgeht man das Problem der Kurve. Es liegt darin, dass die Rille in der Kurve verdrillt sein muss, um stufenlose Anschlüsse an die geraden Teile zu haben (Abb. 24).

Auch im Winter braucht man auf den Bau von Kugelbahnen nicht zu verzichten. Ein Schneeberg ist ein idealer Untergrund für Rinnen jeder Art. Aber auch in der warmen Stube lassen sich Kugelbahnen bauen. In jedem gut eingerichteten Kinderzimmer gibt es Bauklötze verschiedenster Art, Schachteln oder Bücher als Unterlage für die Rillen. Das Problem liegt bei der Befestigung der Rillen, insbesondere wenn die schweren Stahlkugeln laufen. «UHU tac patafix» und auch Klebewachs können helfen. Manchmal leisten wieder Gummibänder oder Zwingen gute Dienste. Zum Gebrauch im Haus kann man sich schöne Kurvenstücke aus Pappe zurechtmachen und an die Holzrinnen ankleben.

Auch ganz aus Papier lassen sich schöne Kugelbahnen bauen. Es bieten sich drei Rillenprofile an. Die V-Form und die U-Form werden über ein Lineal gekniffen, das halbrunde Profil um einen Rundstab oder einen Bleistift. Die Rinne wird von Papierständern gestützt. Damit diese nicht knicken und mehr Stabilität erhalten, falten wir sie auch längs, wir verwenden also auch V- und U-förmige Stützen. In der Technik macht man es mit Stahlblech ganz ähnlich, da werden oft Doppel-T-Träger verwendet.

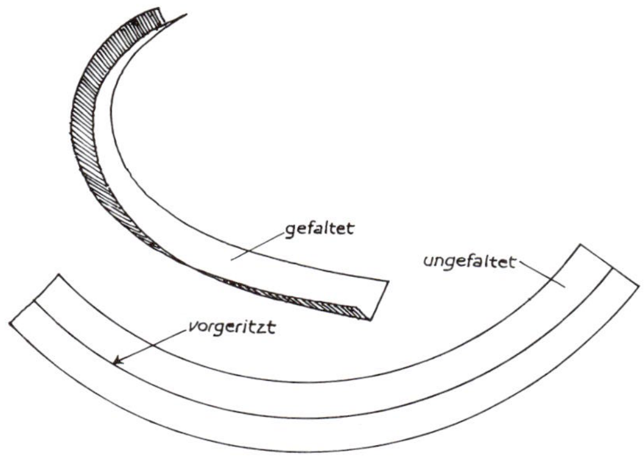

Abb. 25: Kurve in V-Form

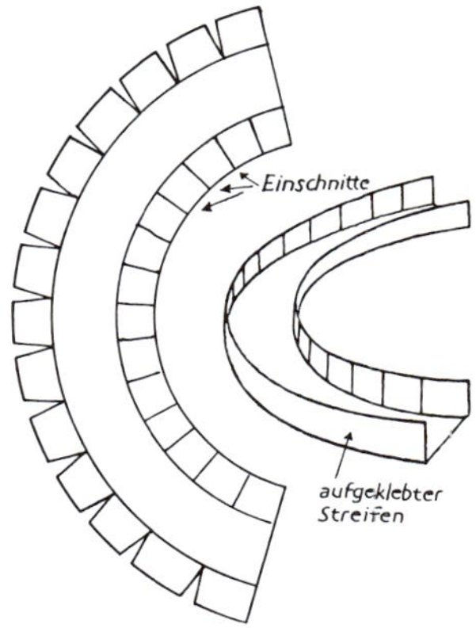

Abb. 26: Kurven in U-Form

Bald wünscht man sich auch Kurven. Die V-Form zu krümmen geht einfach. Wir schneiden ein Kurvenstück aus Papier, knicken es Stück für Stück mit der Hand und biegen es noch etwas stärker, schon ist die Kurve fertig (Abb. 25). Das Material Papier lässt sich leicht verdrillen und damit dem Bahnverlauf anpassen.

Bei der U-Form schneiden wir den breit gehaltenen Bogen seitlich ein, biegen die Laschenstücke um und bekleben sie mit extra Streifen (Abb. 26). Die halbrunde Form lässt sich nicht gut krümmen.

Die erste Krümmung wird an das gerade Stück angeklebt und bekommt eine Stütze. So geht das rückwärts immer weiter, bis schließlich eine schöne Kugelbahn geschaffen ist (Abb. 27). Wie eine tolle Achterbahn sieht das Gebilde aus (Abb. 28).

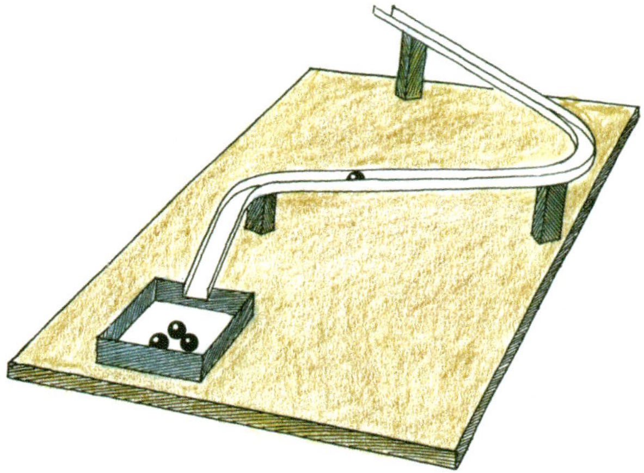

Abb. 27: Anfang einer Kugelbahn aus Papier

Nach jedem neuen Stück Kugelbahn muss dieses natürlich gleich ausprobiert werden. Da sind manchmal Änderungen nötig: Ein Stück war zu steil angelegt, die Kugel springt aus der nächsten Kurve heraus, oder sie bleibt irgendwo liegen und braucht mehr Schwung. Um das Herausspringen an Kurven zu vermeiden, kann man diese durch einen zusätzlichen Streifen auch erhöhen. Wenn Stützen knicken – auch das wird passieren –, muss man sie verstärken oder durch Querverbindungen stabiler machen. Zum Schluss wird man oben an die Einsatzstelle der Kugel etwa einen kleinen Trichter setzen, natürlich

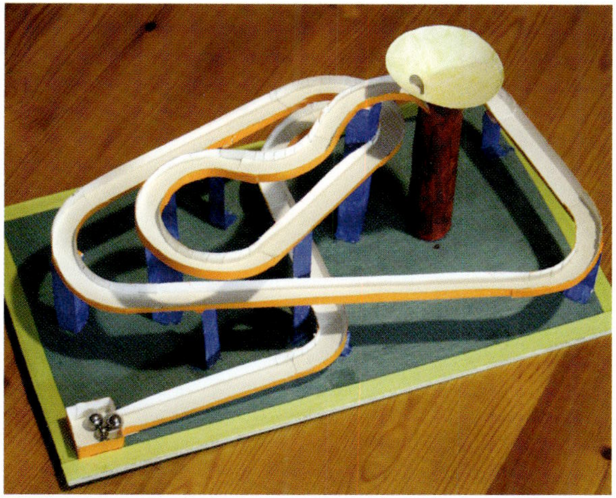

Abb. 28: Kugelbahn aus Papier

auch aus Papier, dann kann man die Kügelchen besser starten. Bei statischen Schwierigkeiten wird ein Holzstab eingebaut, man muss sich nur zu helfen wissen.

Ein Hinweis für Eltern: Wie schwer ist es, ein noch nicht ganz gesundes Kind im Bett zu halten! Man gebe ihm eine gute Unterlage (ein kleines Brett, ein Sperrholz oder eine starke Pappe), dazu ein etwas festeres Papier, eine Schere, Klebstoff und einige kleine Kugeln (z.B. aus einem Fahrrad-Kugellager). Schon kann es los gehen, das Kugelbahn-Bauen (Abb. 29).

Abb. 29: Kugelbahn eines rekonvaleszenten Kindes

Ist eine schöne Bahn fertig, so lässt man erst einmal die Kugeln laufen, eine nach der anderen. Ob sie sich einholen? Wenn man ausgespielt hat, dann baut man mit den gemachten Erfahrungen eine neue Bahn, oder man spielt im Freien weiter. Aber meist lässt sich in das Gestell der ersten Bahn eine zweite Rillenstrecke einbauen, das gibt ein herrliches Gewirr! Das kann etwa eine schnelle, rasante Variante sein oder eine gemächliche, flache – es gibt so viele Möglichkeiten!

Eine nette Variante für alle Bahnen ist eine kleine Mulde. Mit Schwung wird die Kugel den nachfolgenden Buckel überwinden. Legt man aber eine Kugel in diese Mulde hinein und lässt von oben her eine neue (gleich schwere) Kugel laufen, so läuft die erste durch den Stoß weiter, und die neue bleibt für sie liegen. Man kann das auch mit mehreren Kugeln probieren und einen «Looping» einbauen.

Kugelbahnen können auch aus Holz geschnitzt werden (Abb. 30). Man braucht viel Geduld dazu! Schließlich kann das Element Erde selbst, in Form von Ton, als Material für eine Kugelbahn dienen (Abb. 31).

Es genügen auch zwei stärkere, parallel geführte Drähte, um eine rollende Kugel zu leiten. Der Bau einer solchen Bahn verlangt allerdings Fertigkeiten im Löten oder Schweißen. Im «Mathematikum» in Gießen ist eine solche großartige Kugelbahn installiert.

Die variabelste Kugelbahn am Markt ist zu finden unter www.SpielzeugKraul.de (Abb. 32).

Eine weitere besondere, ebenfalls käufliche Kugelbahn wird in der Schweiz hergestellt (e-mail: imbulluni@datacomm.ch). Sie hat drei große Teller, auf denen die Kugeln lange kreisen, bis sie durch das Loch in der Mitte fallen und dadurch Schwung für den nächsten Teller bekommen (Abb. 33).

Abb. 30: Geschnitzte Kugelbahn

Abb. 31: Kugelbahn aus Ton

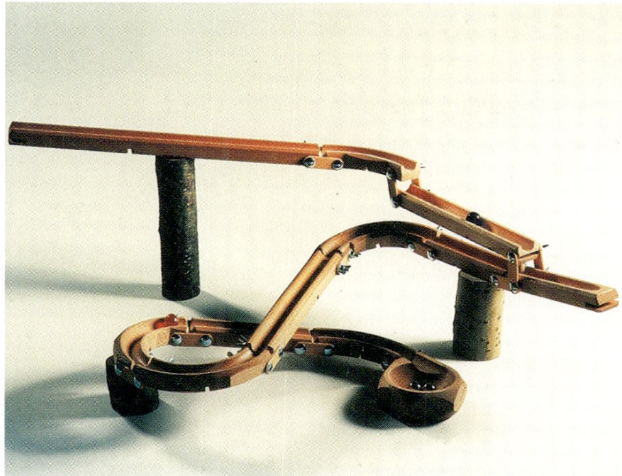

Abb. 32: Die «immer andere Kugelbahn» von Kraul

Abb. 33: Die Tellerkugelbahn von Bulloni

Noch ein Tipp: Bambusrohr bietet sich als Material zu einer Naturkugelbahn an. Übrigens, es soll eine Schule geben, in dessen Treppenhaus eine Kugelbahn von oben bis unten installiert ist.

Die Kugelwippe

Die Kugelwippe ist eine Vorrichtung, die ähnlich einer Uhr durch ein Gewicht angetrieben wird. Eine Kugel bewegt sich in einer Rinne durch leichtes Wippen hin und her. Das Wippen wird durch ein kleines Seilrad mit Kurbel erzeugt. Die Kurbel gleitet dabei in einem Schlitz mit zwei Hemmungen. Die laufende Kugel löst durch ihre Gewichtsverlagerung die Hemmung aus und steuert somit ihren Lauf selbst. Ihre Laufgeschwindigkeit ist abhängig von der Hubhöhe, und diese lässt sich leicht durch Versetzen des Kurbelstiftes ändern. Bei 20 cm Hebellänge genügen 3 mm Kurbelradius. Das antreibende Gewicht muss die Kugel am äußeren Ende ihrer Bahn gerade noch anheben können. Durch Anziehen der Achsschraube kann die Wippe so gebremst werden, dass sie nicht rattert. Ein untergelegtes Gummischeibchen sorgt für gleichbleibenden Bremsdruck (Abb. 34).

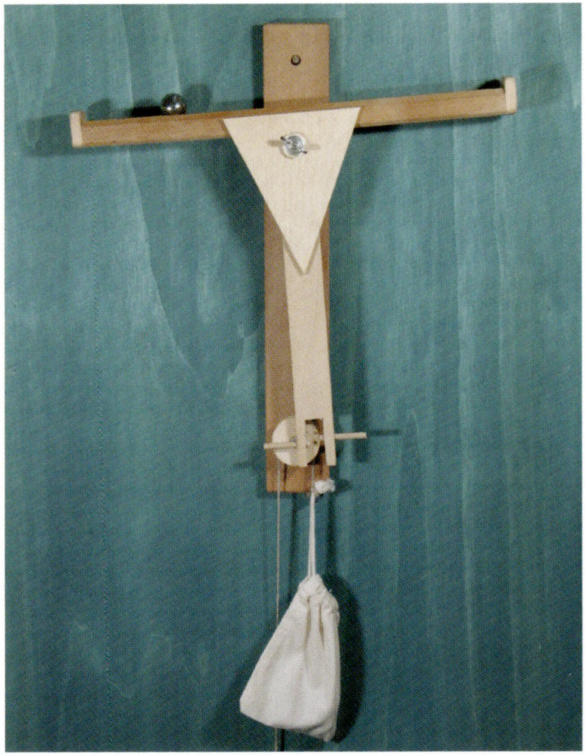

Abb. 34: Die Kugelwippe

Eierrollen

Dieses Spiel stammt aus dem Alpenvorland und wird von bayerischen Bauernkindern hoffentlich noch gespielt. Bunte Ostereier, so hart wie möglich gekocht, rollen von ihrer Schwere getrieben eine Bahn hinunter. Diese Bahn ist aus zwei gleichen, eng zusammenliegenden Werkzeugstielen gebildet. Das losgelassene Ei rollt immer schneller werdend auf eine Wiese. Dort befinden sich schon Eier; jedes Kind hat auf sein Ei eine Münze gelegt. Das neue Ei wurde mit viel Kunst so gestartet, dass es möglichst viele andere Eier trifft, deren Münzen herunterwirft und dabei nicht kaputt geht. Die Höhe des Startens auf der Rinne und die Lage des Eies (wo die spitze und die stumpfe Seite steht) haben Einfluss auf das Rollen des Eies im Gras.

Die herabgefallenen Münzen gehören dem letzten Starter; dieser sammelt sie ein und legt eine davon auf sein neu hinzugekommenes Ei. Das nächste Kind nimmt sein Ei aus der Wiese und lässt es rollen: neue Situation. Das Spiel endet oft erst, wenn es dunkelt oder die Mütter rufen. Wem zwischendrin ein Ei doch kaputt geht, der läuft schnell heim und holt ein neues, jeder hat nur ein Ei im Spiel.

Abb. 35: Eierrollen, ein Osterspiel

Das Kugelrad

Ein «Kugelrad» ist eine automatische Kugelbahn. Hier sorgt ein Gewicht dafür, dass die Kugeln in den Kammern eines Rades immer wieder nach oben transportiert werden. Der Mechanismus funktioniert selbstständig. Bevor die Kugel in die unterste Rille fällt, rollt sie über eine Taste (Abb. 36 rechts unten), die sie durch ihr Gewicht herabdrückt. Diese Taste ist auf einer Wippe montiert, auf der auch ein Stift sitzt. Dieser wiederum hält zunächst das Rad an einer überstehenden Speiche und gibt es, sich mit abwärts bewegend, frei. Gleichzeitig bewegt sich ein zweiter Stift, auf der anderen Seite der Wippe befestigt, nach oben, er fängt das Rad gleich wieder auf. Durch das Gegengewicht kippt die Wippe in die ursprüngliche Lage zurück und das Rad wird neu vom ersten Stift gehalten, es hat sich um eine Kammer weiter bewegt; dadurch steht für die ankommende Kugel eine leere Kammer bereit. Ein schräg gestelltes Hindernis auf der Rinne leitet die Kugel hinein (Abb. 36).

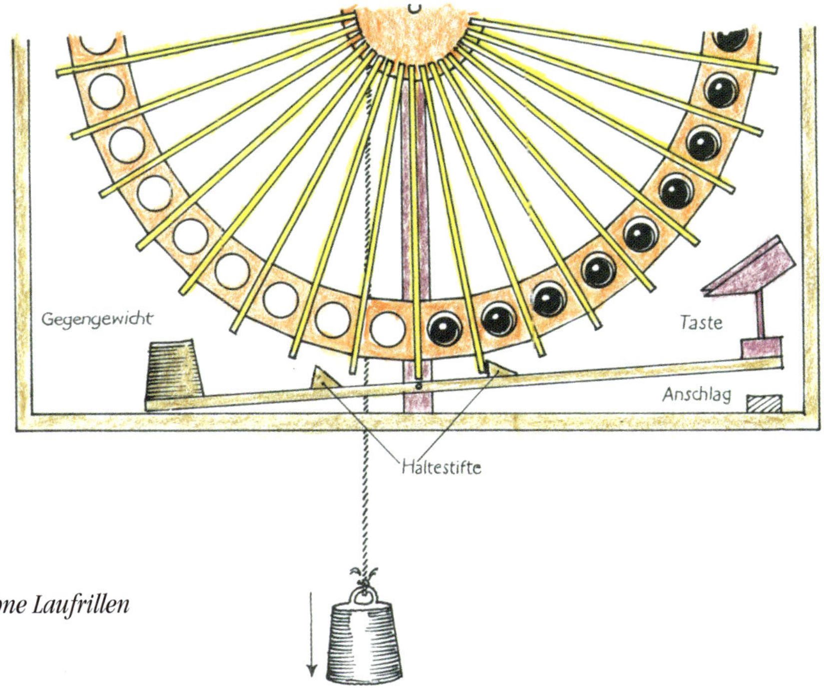

Abb. 36: Kugelrad ohne Laufrillen

Abb. 37: Automatische Kugelbahn

Gleichzeitig wurden alle Kugeln im Rad etwas gehoben, und der obersten Kammer entläuft eine neue Kugel, denn ihre Kammer ist nach vorne geneigt. Bei einer Fallhöhe des Gewichtes von einem Meter läuft die Vorrichtung etwa eine Stunde lang. Freilich sind vorher viele Stunden eifrigen Experimentierens notwendig, um diese Kugelbahn einigermaßen sicher zu machen.

Rutschbahnen

Bisher hat die rollende Kugel nichts angetrieben, wir haben uns einfach so darüber gefreut. Wir können die Neigung einer Kugel, nach unten zu laufen, auch zu einem Antrieb ausnützen. Wie das geht? Als Fahrzeug nehmen wir z.B. den Innenteil einer Zündholzschachtel. Die Bahn müssen wir uns selbst machen, aus stärkerem Papier oder leichtem Karton: eine breite Rinne, etwas breiter als die Schachtel, in U-Form. Wir versuchen zuerst eine gerade Fahrt, um die richtige Neigung herauszufinden. Hinten lassen wir eine Stahlkugel mit etwa 20 mm Ø schieben. In das Kästchen setzen wir ein Püppchen. Nun kommen die Kurven dran. Damit das Kistchen nicht klemmt, muss dort die Bahn breiter sein. Man kann auch einfach die Innenseite weglassen, die Kugel bleibt durch die Zentrifugalkraft am äußeren Rand. Ein Kistchen, das vorne schmaler und zugedeckt ist, sieht noch toller aus; das können wir uns leicht selbst bauen, am besten mit einer hohlen Rundung hinten für die Kugel. Bei dieser Bahn baut man die Stützen aus Holzleisten. Hier ist ein gleichmäßiges Gefälle angebracht. Besonders einladend wird unsere Rutschbahn natürlich, wenn wir sie farbig anmalen und ein Kassenhäuschen dazu bauen, denn ohne zu zahlen darf kein Püppchen rutschen. Vielleicht haben wir einen findigen größeren Freund, der uns sogar ein Förderband für die Wagen baut, von der Kasse bis oben. Dann legt das Kind nur noch die Kugel dahinter, und schon beginnt die Fahrt nach unten.

Abb. 38: Rutschbahn

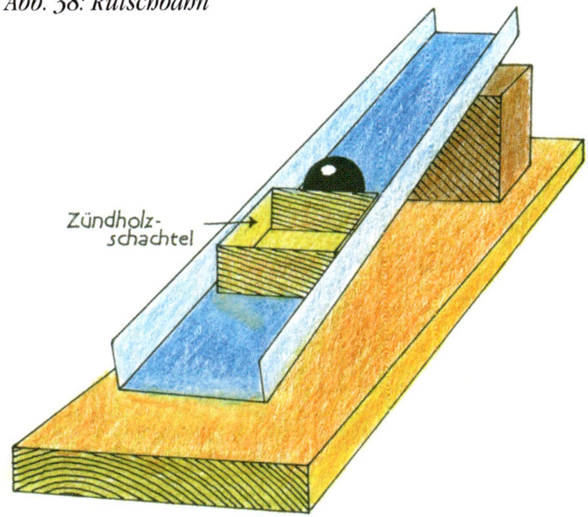

Das Schwerkraftauto

Die Rutschbahn kann kultiviert werden: Wir kleben eine Papierschlaufe vor die Zündholzschachtel und legen dort die Kugel hinein. Als Unterlage nehmen wir diesmal ein Tablett. Sowie wir das Tablett etwas neigen, rollt die Kugel nach unten und zieht die Schachtel nach sich. Ein weiterer Fortschritt im Fahrzeugbau sind zwei Rädchen, die wir hinten anbringen, und eine «Motorhaube» vorne. Unter ihr ist unser Motor, die schwere Kugel, versteckt; die Sache wird geheimnisvoll. Die Kugel schleift an der Motorhaube und an den Seiten, daher ist es gut, wenn wir

Abb. 39: Das Schwerkraftauto

diese Teile mit Graphit, d.h. mit einem Bleistift, innen glätten. Schon ist das Schwerkraftauto fertig. Natürlich setzen wir ein Püppchen hinein: Erinnerung an die Elektroautos vom Jahrmarkt (Abb. 39).

Aber jetzt geht das Spiel erst richtig los, denn wir bauen auf einem ebenen Brett, am besten auf Sperrholz, Hindernisse auf: Klötzchen, Fähnchen, Verkehrszeichen, Tore, Tunnel und natürlich eine Garage. Das Brett muss außen herum einen Rand haben wie ein Tablett, sonst stürzt das Auto zu leicht ab. So, und nun fahren wir völlig umweltfreundlich durch die Landschaft: Indem wir das Brett leicht bewegen, arbeitet die Schwerkraft.

Abb. 40: Purzelmännchen

Purzelmännchen

Ein uraltes Spielzeug, immer wieder neu aufgegriffen, ist das Purzelmännchen. Es schlägt Purzelbäume auf jeder abschüssigen Bahn. Treibend ist eine schwere Kugel im hohlen Kopf. Mit dem Selbstbasteln wird man nur Erfolg haben, wenn man sich in etwa an folgende Angaben hält:

Als Antrieb nimmt man eine möglichst schwere Kugel. Als Kopf verwendet man eine Papprӧhre, im Durchmesser etwas weiter als die Kugel und etwa doppelt so lang. Diese Hülse wird an beiden Enden mit je einem Stückchen festem Stoff zugeklebt, natürlich nachdem man die Kugel eingesetzt hat. Der Rest ist künstlerische Ausgestaltung. Aus Stoff schneiden wir einen Körper mit ausgestreckten Armen und Beinen zurecht, im Oberteil doppelt liegend. Das Röllchen bekleben wir mit Papier und malen ein Gesicht darauf, ein lustiges. Nun wird der Kopf in das Oberteil geklebt, der Oberkörper zusammengenäht oder -geklebt, noch Hände, Füße und eventuell eine Mütze dazugefügt oder gar ein Bart – fertig ist der Purzelzwerg!

Die schiefe Ebene, auf der er purzelt, darf natürlich nicht glatt sein, sonst rutscht er nur und purzelt nicht.

Abb. 41: Purzelzwerge

Jedes Brett mit einer Decke darüber eignet sich. Es ist spannend auszuprobieren, mit wie wenig Neigung die Sache gerade noch funktioniert. Das Männchen purzelt aber auch am Kopfkissen, am Bügelbrett, auf dem Liegestuhl, an der Garageneinfahrt; Kinder werden noch mehr Möglichkeiten finden.

Übrigens kann man einige Experimentierfreude erleben, wenn man Kugeln in kleinen Schachteln verschiedenen Ausmaßes einsperrt. Die Schachteln bewegen sich in merkwürdigen Rhythmen schiefe Bahnen hinunter. Nichts ahnende Zuschauer sind erstaunt über derartige Bewegungen.

Das Erde-Mond-Spiel

Kugeln müssen nicht aus Eisen sein, es gibt auch schöne aus Holz. Wer solche besitzt, 3 – 6 cm im Durchmesser, kann sich leicht ein nettes Spielzeug machen, das zugleich lehrreich ist. In zwei Kugeln bohren wir Schraubösen, und in diese knüpfen wir einen verbindenden Paketgummiring. Nun nehmen wir die eine Kugel in die Hand und lassen mit ihr die andere Kugel auf einem Tisch im Kreis laufen. Dabei verdrillt sich das Gummi: Wir ziehen unser Spiel auf (Abb. 42). Schließlich stellen wir beide Kugeln auf die Tischfläche und geben ihnen einen kleinen Schubs. Die Kugeln laufen umeinander kreisend ab.

Interessant wird es, wenn wir zwei verschieden große

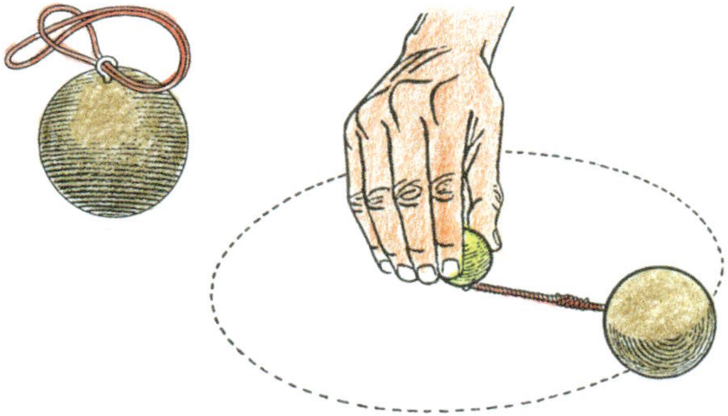

Abb. 42: Montage und Mobillisierung des Spiels

Kugeln nehmen: Die kleine Kugel macht einen großen Kreis und die große Kugel einen kleinen. Die Kugeln drehen sich um ihren gemeinsamen Schwerpunkt (Abb. 43).

Was man davon lernen kann? Wir haben eine Modellbewegung von Erde und Mond vor uns. Die Erde (große Kugel) hält den kleinen Mond wie an einem unsichtbaren Gummiband und führt ihn, allerdings viel langsamer, in ca. 28 Tagen, um sich herum. Nun ist bekannt, dass der Mond das Wasser anzieht, daher entsteht ihm gegenüber auf der Erde ein Flutberg. Die Erde dreht sich in 24 Stunden um ihre Achse, Flut kommt aber alle 12 Stunden! Es muss also noch ein zweiter Flutberg auf der Erde sein, dem ersten gegenüber.

Unser Spielzeug zeigt, wie sich die Erde quasi vom

Abb. 43: Das Erde-Mond-Spiel

Mond weglehnt, um das Gummi gespannt zu halten. Die Erdkugel beschreibt dabei einen kleinen Kreis. Durch diese Bewegung entsteht eine Zentrifugalkraft auf der Rückseite, und diese ist die Ursache für den zweiten Flutberg.

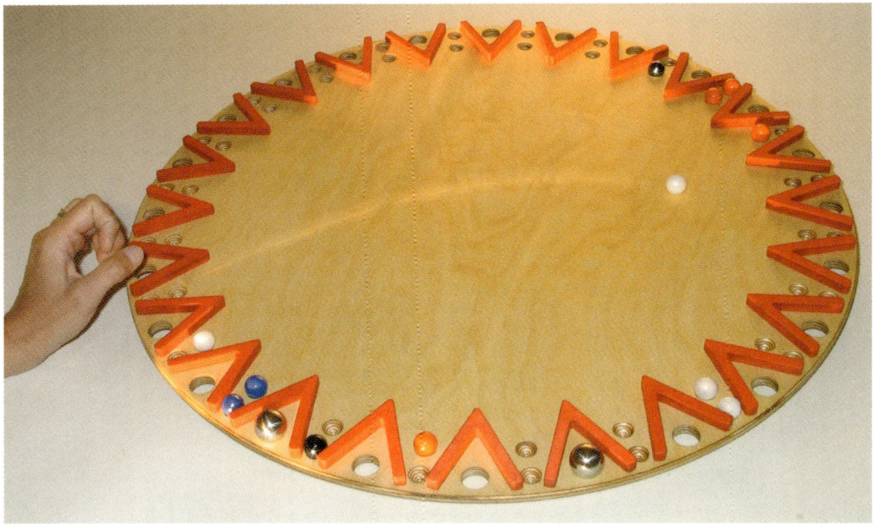

Abb. 44: Tióbolo

Tióbolo

Tióbolo ist ein neues Spiel, das Geschicklichkeit verlangt. Über ein leicht geneigtes rundes Brett (Abb. 44) schnipst man Kugeln in Kammern auf der gegenüberliegenden Seite. Man darf das Brett drehen und kippen, alles rollt, dreht sich und schwankt dabei. Wer gut zielt und trifft, bekommt Vorteile. Das Spiel verlangt Geschicklichkeit und Konzentration, außerdem kann man mit Taktik vorgehen (siehe www.tiobolo.de).

Das Spiel wurde von dem Architekten Walter Thiess entwickelt, der seinen Kindern beim Murmelspiel zuschaute. Sie inspirierten ihn zu der Idee dieses Spiels. (Erhältlich unter www.spielzeug-kraul.de)

Standseilbahnen

Eine Standseilbahn ist eine Seilbahn, die auf einem steilen Gleis steht und an einem Seil hochgezogen wird. Meistens fährt gleichzeitig ein zweiter Wagen, vom anderen Ende des gleichen Seiles gehalten, nach unten. Das Seil wird oben von einem Rad gehalten und umgelenkt. Nach diesem Prinzip können wir ein schönes Spielzeug bauen.

Wir fangen ganz einfach mit einem glatten Brett an, dieses wird schräg aufgestellt, etwa vom Boden an einen

Abb. 45: Standseilbahn mit Winde

Tisch gelehnt. Dann brauchen wir einen Wagen, in den man etwas einladen kann. Ein dazu brauchbares Gefährt befindet sich heutzutage wohl in jedem Spielzeugschrank. Den ausgewählten Wagen binden wir an eine Schnur und ziehen ihn daran hinauf. Natürlich sitzen im Wagen wieder Püppchen. Das ist ein Erlebnis für die Püppchen, aber auch für uns: das Gewicht des Wagens an der Schnur. «Schiefe Ebene» sagen die Physiker dazu. Jetzt fängt das Basteln an: Wir bauen eine Winde, mit Sperrklinke möglichst, damit nichts passiert und der Wagen an jeder Stelle des Hanges stehen bleiben kann.

Dann kurbeln wir den Wagen hoch. Zur Talfahrt lassen wir los und bremsen mit den Fingern, sie geht von selbst, durch die Schwere. Fortgeschrittene Bastler bauen an der Winde eine mechanische Bremse ein. Natürlich können wir uns selbst einen Spezialwagen bauen, mit schrägen Sitzen, die die Schräge der Bahn kompensieren, so ist es in Wirklichkeit auch bei den großen Bahnen.

Von selbst, d.h. durch eine fremde Schwere, fährt der Wagen hoch, wenn wir eine Umlenkrolle am Brett anbringen und das Seil darüber legen. Am Seilende binden wir ein Eimerchen an und beschweren dieses mit Sand oder Steinen, bis der Wagen fährt (Abb. 46).

Wer so weit gekommen ist, dem kommt natürlich der Gegenverkehr in den Sinn. Wir bauen also zwei Wagen, gleichgültig welcher Art. Dafür fällt oben die Winde weg, sie wird durch ein großes Rillenrad ersetzt, um das her-

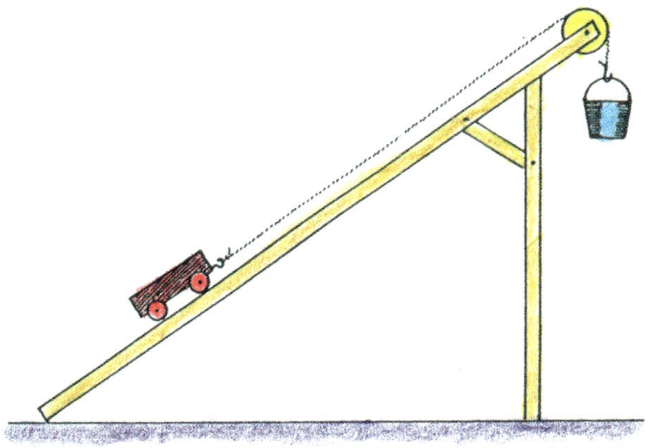

Abb. 46: Selbst fahrende Standseilbahn

um das Seil gelegt wird (Abb. 47). Statt des einen großen Rades können auch zwei kleine Rillenräder genommen werden. Es kommt darauf an, dass die beiden Wagen in der Mitte der Fahrt nicht kollidieren. Das Rad sollte einen Griff zum Drehen haben, und die Wagen sollten eine Führung bekommen, etwa durch zwei Leisten, zwischen denen ein Radpaar läuft. Oder man nagelt nur je eine Leiste auf das Brett, die die Wagen zwischen ihre Räder nehmen.

Schon kann der Pendelverkehr beginnen: Ein Wagen fährt herauf, der andere hinunter – herrlich! Wenn der obere Wagen schwerer ist als der untere, fahren sie beide aus eigener Kraft. Als Beschwerung nimmt man z.B. einen passenden Stein. Er muss unten natürlich herausgenommen und oben wieder eingelegt werden, schon beginnt eine neue Fahrt. Achtung! Rechtzeitig bremsen an den Rollen oben! Beim großen Vorbild baut man eingleisig bis auf die Mitte, wo sich die Wagen ausweichen. Dies nachzubauen, versuche man lieber nicht, man wird keinen Erfolg haben, die Reibung ist bei unserem Modell zu groß.

Lange Jahre fuhr in der Stadt Salzburg so eine Standseilbahn mit Schwerkraft zur Festung hinauf. Der Boden der Wagen war als Wasserbehälter ausgebaut. Während des Ein- und Aussteigens der Passagiere wurde der obere Behälter voll Wasser gefüllt und der untere entleert. Dann lösten die Schaffner die Bremsen, und die Fahrt ging los, von allein sozusagen. Heute geht das elektrisch. Natürlich können wir unsere Bahn auch elektrisch antreiben, wenn wir einen kleinen Motor haben und die nötige Fertigkeit dazu besitzen.

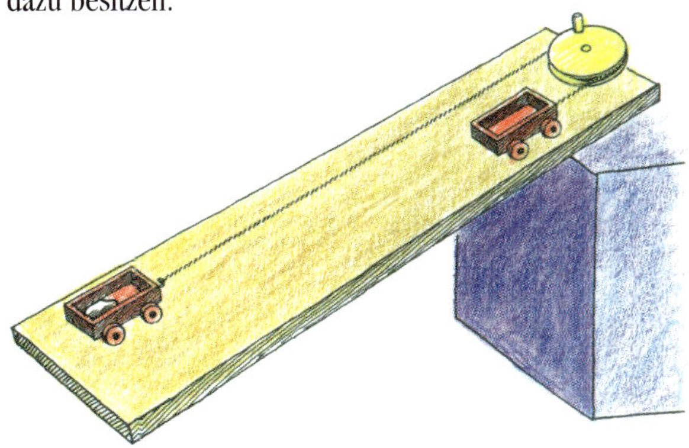

Abb. 47: Standseilbahn mit Gegenverkehr

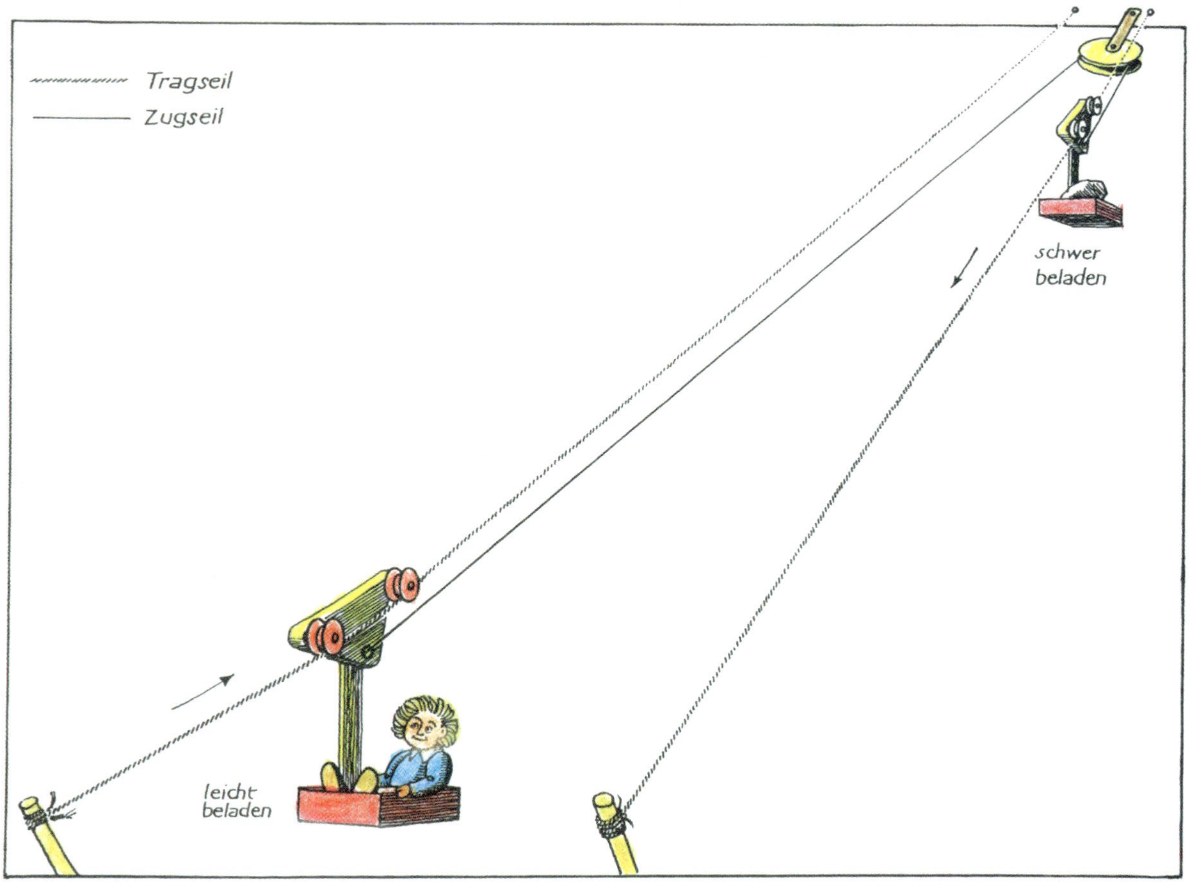

Abb. 48: Seilbahn im Pendelverkehr

Selbst fahrende Luftseilbahnen

Im Gegensatz zu den Standseilbahnen fahren die Luftseilbahnen auf Seilen. Die Wagen müssen mit leicht laufenden Rillenrädern versehen sein. Man achte darauf, dass sie gerade hängen. Freilich können wir die Wagen in Form und Größe variieren, wie es uns gefällt, auch eine Gondel mit Dach können wir bauen. Sowie ein Wagen fertig ist, wollen wir ihn natürlich ausprobieren. Wir knüpfen eine Schnur mit einem Ende irgendwo fest, halten das andere in der Hand und setzen die Bahn darauf. Bei hoch gehaltenem Ende läuft sie von uns weg, bei tief gehaltenem kommt sie wieder her, ihr Gewicht treibt sie.

Nun spannen wir aber ein langes Seil auf und lassen den Wagen laufen, wir laufen hinterher. Und was passiert unten? Entweder hängt das Seil durch und geht wieder nach oben, dann läuft der Wagen von selbst aus. Oder aber wir müssen klug sein und ein anderes sanftes Auffangsystem erfinden. Wenn die Wagen nicht zu schnell ankommen, werden sie eventuell in den Zweigen eines Baumes aufgefangen.

Nach oben ziehen wir den Wagen an einem Stück Schnur hinter uns her. Die Schnur ist an der Laufkatze befestigt. Man könnte Stützen für das Seil einbauen und die Angelegenheit so geschickt gestalten, dass die Wagen, ohne zu «entgleisen», darübersausen.

Nun steht die Frage nach dem Pendelverkehr an. Die oben beschriebenen selbst fahrenden Standseilbahnen im Gegenverkehr haben eine Schwierigkeit: Sie beschleunigen sich laufend und müssen kurz vor dem Ziel abgebremst werden. Die Seile der Luftseilbahnen hängen durch, sodass sie oben steiler sind und unten flacher werden. Genau das ist günstig: Der obere Wagen wird, wie bei den Standseilbahnen beschrieben, beschwert und zieht den leichteren unteren Wagen herauf, denn beide Wagen hängen an den beiden Enden des einen Zugseiles. Dieses wiederum ist oben am Berg um ein Rad gelegt (Abb. 48). Der Antriebswagen hat oben zum Anlaufen wegen der Steilheit eine gute Kraft und kann sich und den anderen Wagen dadurch beschleunigen. Unten, im flachen Stück vor der Talstation, lässt die treibende Kraft nach, beide Wagen verringern ihre Geschwindigkeit.

Durch sorgfältiges und geduldiges Probieren kann man erreichen, dass die Wagen genau rechtzeitig in den Stationen zum Stehen kommen, ohne Bremse oder Nachhilfe. Ist das nicht großartig? Wir bauen uns natürlich Häuschen als Berg- und Talstation dazu. Das oben sitzende Kind hat sich ein Häufchen Steine zurechtgelegt, das unten spielende lädt Püppchen und Überraschungen ein, sie werden automatisch nach oben transportiert – eine feine Sache!

Der Puppenaufzug

Zwei Rillenräder über einem Abgrund montiert, eine Schnur darüber gelegt, zwei Körbchen dran, fertig ist der Puppenaufzug. Ein Gewicht in dem einen Körbchen zieht das Püppchen im anderen Körbchen von selbst hoch (Abb. 49).

Vom Gleichgewicht

Wie macht es Spaß zu balancieren! Über einen Baumstamm, eine Mauer oder gar über ein stramm gespanntes Seil, es muss ja nicht gleich hoch sein. Eine längere Stange in den Händen hilft uns, das Gleichgewicht zu halten, oder sie kann auf einer Hand stehend balanciert werden. Beim Balancieren auf der Stirn oder auf der Fußspitze beginnt die Akrobatik. Auch das Gehen auf Stelzen ist ein Balancieren. Alles das sind Spiele mit der Schwere. Wo Gelegenheit ist, werden Kinder ganz von selbst ins Spiel geraten.

Aber auch im Kleinen lässt sich schön spielen, so z.B. aus Bauklötzen einen Turm bauen, immer höher, bis er einstürzt. Dann probieren wir's neu, noch höher und unten immer enger. Oder wir bauen die berühmten Kartenhäuser, bei denen auch die Schwere überlistet wird.

Abb. 49: Puppenaufzug

Abb. 50: Turm aus Bhavati-Klötzchen (siehe www.Spielundzukunft.de)

«Stehaufmännchen» lassen sich von einem geschickten Bastler ohne Schwierigkeiten selbst herstellen, insbesondere dann, wenn er über eine kleine Hobby-Drechselbank verfügt.

Das Stehaufmännchen ist unten rund geformt, ideal ist die volle Halbkugel. Oben gestalten wir das Männchen zierlich, dort sparen wir soweit wie möglich Gewicht. Es wäre denkbar, dem Männchen, das auch ein Weibchen sein kann, einen Korb auf dem Kopf zu befestigen. In diesen kann das Kind Gewichte legen, dann schaukelt die Figur langsamer, immer langsamer, bis zur Grenze, bis sie umfällt. Also nehmen wir wieder etwas heraus, dann ist die Sache in Ordnung.

Einfacher ist das Stehaufmännchen zu bauen mit einem Tischtennisball. Wir halbieren ihn, füllen eine Hälfte mit Sand, schließen sie mit einer Pappscheibe ab und setzen oben ein leichtes Stehpüppchen darauf, z.B. aus Wolle. Übrigens ist jedes recht gebaute Schiffchen ein Stehaufmännchen im Wasser.

Abb. 51: Stehaufweibchen

Und dann lassen wir selbst gebastelte Gegenstände auf einer Spitze schaukeln. Die Spitze ist schnell geschaffen: eine Stricknadel, die im Korken einer Flasche steckt. Auf dieser Nadelspitze können nun allerhand Dinge platziert werden und schaukeln, wenn nur ihr Schwerpunkt etwas unter der Spitze liegt. Als Beispiel ist ein Männchen gezeichnet, das in einem Boot sitzt und seitlich zwei Gewichte (Ruder) hält (Abb. 52). Wenn das Männchen leicht genug und die Gewichte schwer genug sind, pendelt das Männchen lange Zeit nach jedem kleinen Anstoß, man könnte für es Angst bekommen.

Abb. 52: Der schaukelnde Ruderer

Abb. 53: Schaukelmännchen (Entwurf: Margarete Ostheimer)

Das beschriebene Spielzeug ist ein Stehaufmännchen auf der Nadelspitze. Ein weiteres passendes Motiv ist das Flugzeug. Gewichte kann man in tief hängenden Triebwerken unter den Tragflächen verstecken. Die Bewegung sieht toll aus, richtig echt. Ein nettes Spielzeug ist in Abbildung 53 dargestellt: Die obere Figur, auf Zehenspitzen am Regalrand stehend, lässt die untere sacht schaukeln.

Geduldspiele

Viele Geduldspiele sind Spiele mit oder gegen die Schwere. Hier sei an die Sichtkästchen erinnert, in denen sich eine oder mehrere Kügelchen bewegen können, die man durch geschicktes Neigen oder Schütteln in diffizile Positionen bringen soll. Wer Lust hat, kann so etwas selbst erfinden und bauen. Glas muss ja nicht auf dem Kasten sein, wir können uns schließlich beherrschen und fassen nicht hinein. Schon in eine Zündholzschachtel können wir mit Papierstreifen raffinierte Kästchen einbauen und mit vier Kügelchen probieren, ob wir in jeder Ecke eine Kugel platzieren können.

Es gibt das Brett mit aufgeleimten Leisten und eingebohrten Löchern (Abb. 54). Eine Kugel muss einen bestimmten, eingezeichneten Weg laufen, die Leisten helfen, die Löcher erschweren die Sache. Es gibt solche Dinge

Abb. 54: Geduldspiel

auch zu kaufen; bei ihnen ist das Brett durch zwei Griffe mechanisch in einem Kasten zu bewegen. Das ist sehr interessant. Man kann sich diesen Umstand auch sparen und das Brett einfach in den Händen halten, man wird dadurch geschickt. Und der Kasten muss auch nicht sein, wir können die Kugel auch in einem Tuch darunter auffangen. Wir bauen uns dann Bretter verschiedener Schwierigkeiten: Anfängern geben wir Brett eins, wir selbst versuchen es vielleicht mit Brett vier oder fünf. Der Rand sollte immer geschlossen sein.

Lustig ist auch ein Irrgarten in dieser Art: Der Kugel ist der Weg nicht vorgezeichnet, auf die arglistigen Löcher verzichten wir, die Wege können enger werden, aber es gibt dafür Sackgassen! Wer bringt die Kugel als Erster ins Ziel?

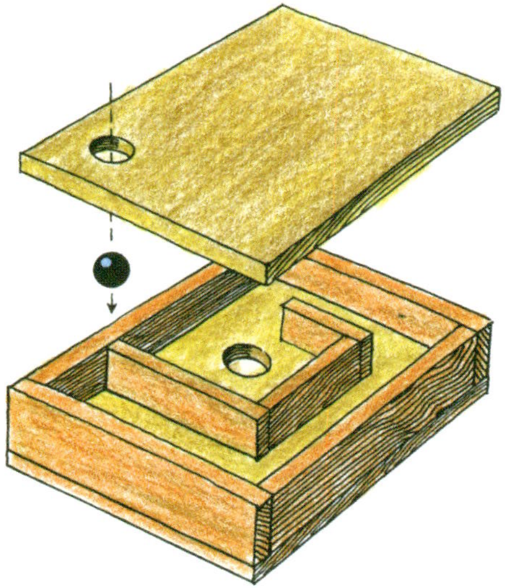

Abb. 55: Geduldspiel zum Hören

Da gibt es noch eine andere Art von Geduldspiel, bei dem man nicht zuschauen kann, sondern zuhören: Man nimmt ein Brettchen, kleiner als eben geschildert und noch mit einem Loch für die Kugel. Wir leimen einen geschlossenen Rand auf, höher als die Kugel, und auch einige Leisten in gleicher Höhe zu einem kleinen Irrgarten. Nun leimen wir ein zweites, ebenso großes Brettchen obenauf, auch mit einem Kugelloch versehen. Die beiden Löcher dürfen nicht übereinander zu liegen kommen (Abb. 55). Nun lässt man eine Kugel in das obere Loch fallen und versucht, das Kästchen so zu drehen, dass die Kugel beim unteren Loch wieder herauskommt. Der Erbauer kennt die inneren Wege, ein Freund, der beim Bau nicht zusah, wird es schwerer haben. Er kann versuchen, einen Plan vom Inneren zu zeichnen, nur dem Gehör nach. Wenn das zu leicht ist, bauen wir ein zweites Kästchen und leimen es unter das erste. Sogar ein drittes Stockwerk ist denkbar. Nun hat der Freund aber sehr zu knobeln!

Das Sandrad

Sand rieselt in Sanduhren. Aber Sand kann, ähnlich wie Wasser, auch Räder treiben. Jedes Wasserrad, das in dem kleinen Buch *Spielen mit Wasser und Luft* (Verlag Freies Geistesleben, Stuttgart [6]2003) beschrieben wird, kann auch durch aus der Hand fallenden Sand angetrieben werden. Statt der Hand kann man auch einen Trichter nehmen, in den man den Sand auf Vorrat füllt; nur trocken muss er sein.

Diese Sache lässt sich kultivieren. Abbildung 56 zeigt ein Kästchen, ein- oder beidseitig mit Glas versehen. Es ist ein Sandrad eingebaut und darüber ein Trichter, zu dem ein Kanal führt. Der Sand fällt durch die Trichteröffnung, treibt das Rad und bildet unten ein Häufchen. Wenn der Trichter leer ist, kippen wir die Schachtel in Pfeilrichtung um, das Häufchen Sand rutscht durch den Kanal in den

Trichter, das Rad ist neu «aufgezogen» und läuft wieder. Das Rad bauen wir aus Sperrholz, die Eimerchen aus Papier. Auch Trichter und Kanal werden aus etwas stärkerem Papier hergestellt (Abb. 56 a). Die Radlager müssen sorgfältig gearbeitet sein und dürfen nur wenig Reibung haben. Es empfiehlt sich, als Abdeckung Acrylglas zu nehmen, das kann man bohren. Die Bohrlöcher sind gute Lager für die Achse, die aus einem geraden Drahtstück gefertigt wird. Damit das Rad nicht verrutscht, werden seitlich Perlen auf die Achse gesetzt. Als Sand eignet sich der in Tierhandlungen erhältliche Vogelsand. Wer ganz raffiniert ist, hält den Mechanismus geheim, er deckt das Glas bis auf ein Fenster für das Rad ab. Noch geheimnisvoller wird die Vorrichtung, wenn wir auch das Rad abdecken (zur «Auflösung» evtl. die Rückseite offen lassen) und die Achse bis nach außen verlängern und damit etwas antreiben. Da kann man z.B. einen gelenkigen, leichten Turner dransetzen (Abb. 56 b). Wie lange nun uneingeweihte Freunde knobeln müssen, bis sie rauskriegen, was da gespielt wird!

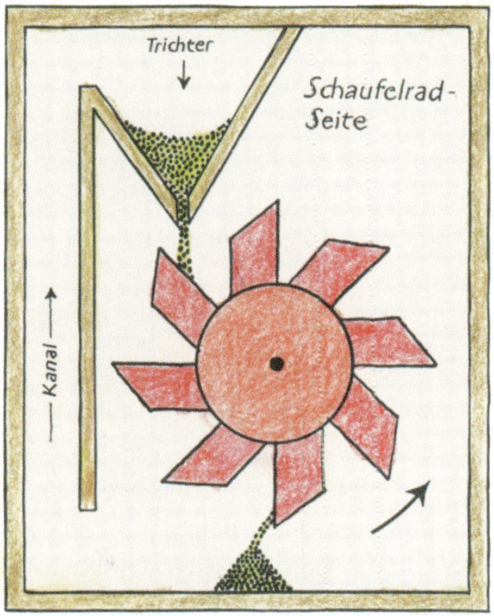

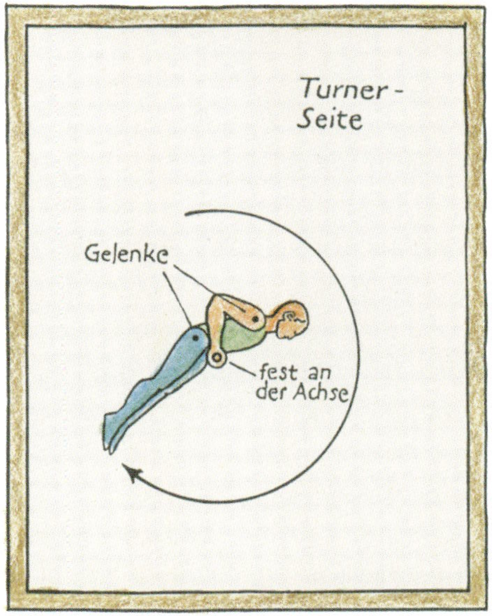

Abb. 56: Sandrad mit Turner. a: Rückseite b: Vorderseite

Zweiter Teil: Spiel mit dem Feuer

Achtung! Bei jedem Spiel mit dem Feuer muss ein Erwachsener anwesend sein. Falls im Freien ein Feuer gemacht wird, erst erkundigen, ob es dort erlaubt ist. Es gibt öffentliche Feuerplätze. Nie ein Feuer allein lassen! Zum Schluss vollkommen löschen!

Es ist eingangs schon erwähnt worden, dass das Spiel mit dem Feuer in übertragenem Sinne gemeint ist. Trotzdem hat die Überschrift zu diesem Abschnitt etwas Schockierendes an sich. Natürlich bewahren wir Zündhölzer so auf, dass sie für Kinder unerreichbar sind und Kinder sie nicht zum Spielen erwischen können. Sie ahmen mit Recht gerne nach. Wenn sie gelegentlich sehen, wie Vater oder Mutter ein Zündholz entfachen, spüren sie den Drang, dieses wundersame Kunststück einmal selbst zu versuchen. Schon ist ein Unglück passiert!

Im richtigen Alter muss jeder Mensch einmal lernen, mit dem Zündholz, mit dem Feuer umzugehen. Am natürlichsten geschieht das, wie alles erste Lernen, in spielerischer Weise, aber selbstverständlich unter Aufsicht Erwachsener. Wer auf sorgfältig vorbereitete Art mit dem brennenden Element Bekanntschaft machen durfte, der wird dessen Eigenheiten erfahren und wird mit gebührender Achtung mit ihm umzugehen wissen. Hier sei versucht aufzuzeigen, wie ein solches behutsames Bekanntwerden mit dem gefährlichsten der vier Elemente geschehen kann.

Abb. 57: Sprung über das Feuer

Es gibt im norddeutschen Raum, insbesondere an der Ostseeküste, den «Feuerstein» zu finden, auch «Flint» genannt. Schlägt man einen solchen Stein mit einem Stahl, so springen die Funken, und es entsteht ein eigenartiger Geruch. Das kann eine erste, harmlose Begegnung mit dem Feuer sein.

Dann sollte man Gelegenheiten wahrnehmen, dem Kind kleine Feuer zu zeigen, es mit der Kerzenflamme vertraut zu machen. In vielen Familien brennt bei festlichen Gelegenheiten eine Kerze. Bei einer brennenden Kerze die Mahlzeiten zu sich zu nehmen erhöht die Esskultur. Das Abendgebet wird bei brennender Kerze gesprochen. Geburtstage, Advent und das Weihnachtsfest werden bei Kerzenschein gefeiert, das ist selbstverständlich. Diese Bräuche rücken das Feuer in einen gewissen unantastbaren, ehrfurchtsvollen Bereich, eine rechte Grundstimmung dem Element gegenüber.

Wo es eine Ofenheizung gibt, da sollte man die Feuerungstür gelegentlich öffnen und das Kind hineinsehen und die ausstrahlende Hitze empfinden lassen. Wem es gelingt, ein Heizkraftwerk zu besichtigen, der wird beim Blick durch das Sichtloch in den Feuerraum ergriffen sein. Auch ein Blick auf die Flamme des Ölbrenners im kleinen Heizkraftwerk zu Hause, der automatischen Zentralheizung, ist ohne Gefahr möglich.

Schwer wird es zu erreichen sein, beim Stahlguss (Abb. 58) zuzusehen, insbesondere mit Kindern. Man kann das verstehen, aber es ist schade. Dagegen lassen Glashütten Besucher meist gerne herein, auch mit Kindern. Ein eindrucksvolles Erlebnis, das glühende, verformbare Glas! Schmiede mit einem offenen Kohlefeuer gibt es nur noch selten; wem sich doch die Gelegenheit bietet, der nimmt sein Kind an die Hand und lässt es dem Schmied zusehen,

Abb. 58: Abstich am Hochfrequenzofen

Abb. 59: Schmiedefeuer

Abb. 60: Am Sonnwendfeuer

ganz geduldig, stundenlang (Abb. 59). Auch gibt es noch Kleinbahnen, wo man auf dem Führerstand mitfahren, das Feuer schüren und den Dampfhebel betätigen darf, nach Voranmeldung und natürlich gegen Bezahlung. Soweit die Technik, sie vermittelt den nötigen Respekt vor dem Feuer.

In manchen Gegenden lässt man zu Ostern Feuerräder den Berg hinunterlaufen, und zur Sonnenwende brennen die Feuer auf den Gipfeln und im Tal (Abb. 60). Bei solchen Gelegenheiten dürfen Kinder einmal länger aufbleiben. Niemand wird es verwehren, wenn sie Aststecken erwischt haben, die am Ende noch glimmen, und sie glühende Kreise und Achten in die Nachtluft zeichnen. Die Größeren springen über das Feuer, das werden wir nicht verhindern. Aber vor Kunststoffkleidung werden wir bei solcher Gelegenheit warnen.

Am nächsten Wochenende gehen wir an den Fluss und machen selbst zusammen mit den Kleinen ein Feuerchen. Über und in der Glut braten wir Würstchen, Äpfel und Kartoffeln. Pfadfinder entzünden das Feuer ohne Papier, das ist Ehrensache, und sie kochen ganze Menüs unter freiem Himmel.

Abb. 61: Improvisierter Herd

Für Kinder kann man leicht einen kleinen Herd bauen und darauf ein Süppchen kochen (Abb. 61). Noch leichter und ebenso schön ist es, in einer kleinen Pfanne auf offenem Feuer ein Spiegelei zu braten (Abb. 62). Und dann gibt es den Zwergenfeuertopf käuflich zu erwerben (Abb. 63), der das Feuer ordentlich zusammenhält. Der Erfinder dieser Schale schreibt: «Es ist schön zu sehen, mit wie viel Hingabe Kinder das Feuer beobachten, vorsichtig kleine Ästchen nachlegen und die Wärme erleben. Selbst der wildeste Racker kommt dabei zu sich selbst, wird ruhig und gelassen.» (www.denk-keramik.de)

Abb. 62: Ein Spiegelei auf offenem Feuer

Zu Martini, an den frühen Abenden, gehen wir mit unseren Kindern und den Kindern der Nachbarschaft «Laterne» und singen dazu. Die Lampen haben wir selbst gebastelt, versteht sich. Eine Anleitung steht im nächsten Kapitel. Zu Silvester schließlich kaufen wir keine Feuerwerkskörper mehr, sondern Fackeln. Wir machen eine Wanderung möglichst durch den tief verschneiten Winterwald, mit brennenden Fackeln. Kinder dürfen auch das Feuer tragen, wenn sie wollen. Wir ziehen alte Handschuhe an, denn das Pech tropft leicht ab. Die Fackeln schaffen in der Finsternis eine Art erleuchteten Innenraum, der mit-

Abb. 63: Der «Zwergenfeuertopf»

geht. Gegen Mitternacht, so richten wir es ein, gelangen wir auf eine freie Anhöhe und sehen den Feuerwerken der anderen zu.

Mit Fackeln lassen sich auch Höhlen erforschen (Abb. 64). Da haben wir beides: Das Innere der Erde wird durch Feuer erleuchtet. Ein großes Erlebnis für Kinder und Erwachsene.

Abb. 64: Durch Fackeln erleuchtete Höhle

Eine Martinilampe

Man nehme einen Luftballon, blase ihn auf und verknote ihn. Mit Tapetenkleister klebe man vom Scheitel ausgehend farbige Seidenpapierstücke auf den Ballon, auch übereinander. Etwas nach der Ballonmitte wird damit aufgehört. In den Rand kleben wir eine Schnur als Abschluss mit ein. Jetzt muss gewartet werden, bis der Kleister schön trocken ist. Danach lässt man die Luft aus dem Ballon und löst vorsichtig das Gummi vom Seidenpapier. Zum Schluss hängt man den Lampion mit Drähten an einen Stock und stellt ein Teelicht hinein. Man tut gut daran, das Teelicht etwas festzukleben.

Lampen für das Gartenfest

Eine Martinilampe kann natürlich als Lampion auch beim Gartenfest verwendet werden. Es ist aber auch möglich, stehende Lampen zu bauen. Dazu bindet man Stäbe gemäß der Abbildung zusammen und bespannt sie mit einem durchscheinenden Papier. Japanpapier eignet sich gut. Innen hinein setzt man auf eine Platte oder einen Teller ein oder mehrere Teelichte. In der Nacht sieht diese Lampe im Garten wundervoll aus. Man kann die Lampe auch viereckig, fünfeckig usw. bauen, aber regenfest ist sie natürlich nicht. Die Bespannung oben offen lassen für den Abzug der heißen Luft.

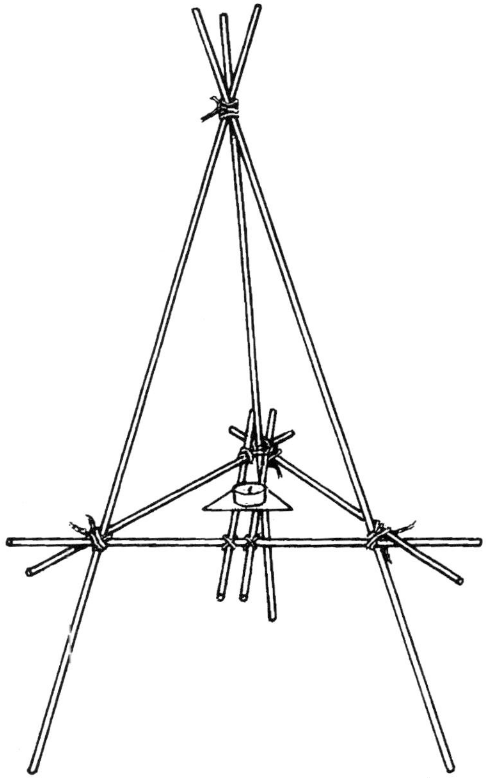

Abb. 65: Gerüst für eine stehende Lampe

Experimente mit der Kerzenflamme

Was kann man mit einer gewöhnlichen Kerzenflamme schon alles machen! Von dem großen Naturwissenschaftler Michael Faraday haben wir es gelernt, er schrieb für die Jugend seine «Naturgeschichte einer Kerze». Einige der unten beschriebenen Versuche sind seinen Anregungen entnommen.

Wer kennt das noch nicht, wie die Flamme knisternd sprüht, wenn wir den Saft einer Orangenschale einspritzen? Die ätherischen Öle verbrennen spontan in kleinen Querflämmchen; nur für einen Moment sind sie sichtbar, schon ist alles vorbei. Wir probieren es gleich noch einmal, schon wieder ist das kleine Feuerwerk da und wieder erloschen.

Wer weiß, wo die Flamme am heißesten ist? Ein Zündholz kann für einen Augenblick mit der Kappe in die Flammenmitte gehalten werden, aber nicht an den Rand, auch nicht darüber. – Ein Zündholz, für kurze Zeit quer in die Flamme gehalten, zeigt zwei Ansengspuren von den Flammenrändern, von der Mitte keine. Daraus ziehen wir den Schluss: Die Kerzenflamme ist am Rand und an der Spitze am heißesten, nicht im Inneren.

Wir entzünden eine zweite Kerze und blasen die erste aus. «Rauch» steigt auf. Nach wenigen Augenblicken halten wir die noch brennende Kerze in die aufsteigenden Gase kurz über den Docht (Abb. 66): Ein Flämmchen

Abb. 66: Der Flammensprung

springt auf den erloschenen Docht hinunter, und die eben ausgeblasene Kerze brennt wieder! Das Springen der Flamme geschieht blitzschnell, man glaubt kaum richtig gesehen zu haben. Nochmal! Wie weit die Flamme wohl springen kann? Schließlich erkennen wir: Die heißen Kerzengase brennen.

Die eben genannten Gase leuchten übrigens fahl. In der Dunkelheit sehen wir dieses Phänomen. Die Schwierigkeit, dieses zarte Licht wahrzunehmen, liegt darin, dass wir an die Dunkelheit gewöhnte Augen brauchen, und meistens sind sie von dem eben noch brennenden

Licht geblendet. Wer neugierig genug ist, der findet schon einen Weg, das geheimnisvolle Leuchten zu sehen.

Es gibt goldenes und silbernes Kerzenverzierwachs. Ein kleines Stückchen davon in der Pfütze von geschmolzenem Wachs unter der Flamme aufgelöst zeigt, was im flüssigen Wachs los ist: Ein ständiger Wirbel geht innen am Docht hoch, auf der Oberseite der Pfütze nach außen, am Rand nach unten und wieder zum Docht hin. Im Verzierwachs sind winzig kleine Metallteilchen, sie machen die Strömung sichtbar. Auch Verunreinigungen vom Docht zeigen die Strömung an.

Abb. 67: Verunreinigungen im flüssigen Teil des Wachses verraten die Zirkulation.

Abb. 68: Schatten einer brennenden Kerze

Wer hat schon einmal den Schatten einer Kerzenflamme gesehen? Es ist ganz einfach und lohnt sich. Wir beleuchten eine brennende Kerze mit dem Licht einer Glühlampe, besser mit dem eines Projektionsapparates, oder einfach mit Sonnenlicht. An der Wand dahinter ist der schwarze Schatten der Kerze und des Dochtes zu sehen, die Flamme erscheint leicht grau mit hellem Rand, und darüber bewegen sich Schlieren wie zarte Vorhänge, das ist die heiße, aufsteigende Luft (Abb. 68). Man kann ruhig einmal etwas blasen oder wedeln, dann sieht man gelegentlich richtige Wirbel, aber nur für kurze Zeit.

Leidenfrost

Johann Gottlob Leidenfrost war ein Arzt im 18. Jahrhundert. Er beschrieb als Erster ein eigenartiges Phänomen, das mit Frost gar nichts zu tun hat, im Gegenteil: Wenn man auf eine heiße Herdplatte Wassertropfen spritzt, tanzen und laufen diese zischend auf der heißen Unterlage umher, bis sie verdampft sind. In dieser Situation zeigen die kleinen Wasserkugeln eine ungeheure Beweglichkeit. Bei nächster Gelegenheit ausprobieren! Aber Vorsicht, nicht auf die heiße Platte fassen!

Festbeleuchtung

Wir schneiden uns aus einem Karton ein Häuschen aus. Es sollen viele Fenster darinnen sein, große und kleine, runde und eckige. Wenn es dunkel geworden ist, setzen wir Teelichte dahinter und zünden diese an. Eine wahre Pracht, unsere Festbeleuchtung! Wer es ganz besonders schön machen will, bringt noch Spiegelchen geschickt an und beklebt die Fenster mit einem farbig durchscheinenden Material (Abb. 69). Ganze Burgen können wir auf diese Weise bauen.

Abb. 69: Beleuchtetes Haus

Zur Weihnachtszeit beleuchten wir gerne transparente Bilder von hinten oder gar einen ganzen Adventskalender.

Die Spirale

Als erste und einfachste «Wärmemaschine» sei die Drehspirale erwähnt. Sie treibt nichts an, aber sie bewegt sich in der warmen, aufsteigenden Luft eines Heizkörpers. Sie ist sehr einfach zu bauen: Wir nehmen ein Stück stärkeres Papier, etwa 20 x 20 cm groß. Auf dieses zeichnen wir freihändig eine schöne, gleichmäßige Spirale. Wenn die Zeichnung gut gelungen ist, schneiden wir sie aus, sie wird sich hängend auseinander ziehen. In die Spiralenmitte kleben wir einen Druckknopf als Lager, die Einbuchtung nach oben. Nun setzen wir die Spirale auf eine Stricknadel, sodass sie sich schön leicht drehen kann. Dann ist nur noch für den Stand der Nadel Sorge zu tragen. Zu diesem Zweck durchbohren wir ein kleines Brettchen und stecken die Nadel dort hinein. Fertig ist die Sache. Wir stellen sie auf einen Heizkörper oder auf einen Kachelofen, und sie wird sich drehen, solange eingeheizt ist, den ganzen Winter hindurch. Das untere Spiralende steht leicht in die Höhe, es muss nach unten gebogen werden, sonst bremst es im Warmluftstrom. Es kann ein leichtes Püppchen mitfahren.

Abb. 70: Die Spirale in der aufsteigenden warmen Luft

Das Warmluftkarussell

Aufsteigende Warmluft von Kerzen wird zum Antrieb von «Weihnachtspyramiden» genützt, einem uralten «Exportmodell» der Erzgebirgler. Warum sollen wir uns nicht nach diesem Prinzip ein kleines Puppenkarussell bauen? Damit die Sache auch richtig funktioniert, muss man ein Paar Kniffe kennen.

Das Wichtigste ist das Lager, es muss ganz leicht beweglich sein. Gut ist ein Spitzenlager: Die Nadel steckt in einer 4 mm-Metallbuchse. Diese bekommt man in Elektrogeschäften als Buchsen für Bananenstecker, Elektrobastler gebrauchen sie auch. Diese Buchsen haben außen ein Gewinde, damit lassen sie sich gut befestigen. Eine Nabe ist der Träger der Flügel, die die Drehung hervorrufen.– Achtung: Der Schwerpunkt des Rotors muss unter dem Lagerpunkt liegen, das heißt, die Buchse muss oben aus der Nabe herausstehen. Je spitzer die Nadel, desto leichter dreht sich die Sache.

Die Flügel macht man aus Pappe, dünnem Holz oder Blech. Alles, was sich dreht, muss leicht gebaut werden, um die Reibung im Lager gering zu halten. Die Flügel dürfen nur wenig schräg stehen; am besten bauen wir sie verstellbar. Durch Probieren kriegt man die günstigste Schrägstellung heraus.

Die Aufstellung der tragenden Nadel geschieht wie bei der Spirale auf einem Grundbrett. Natürlich genügt auch

Abb. 71: Ein Warmluftkarussell

eine Stecknadel, die von einer nett gestalteten Säule gehalten wird. Zur Probe stellen wir das Karussell auf den geheizten Ofen. Wenn es sich gut gedreht hat, befestigen wir außen an den Flügeln Fäden, die unten kleine Brettchen tragen. Auf diese setzen wir kleine, leichte Püppchen

(Abb. 71). Sie dürfen rundum fahren. In meiner Wohnung stand einmal ein solches Karussell auf der Zentralheizung, die Püppchen fuhren den ganzen Winter lang, Tag und Nacht.

Natürlich können wir nach Art der Weihnachtspyramiden aus dem Erzgebirge dieses Karussell auch durch untergestellte brennende Kerzen antreiben. Größte Vorsicht ist dann geboten!

Findigen Bastlern kommt noch eine Idee: Man könnte doch die Teelichte mitfahren lassen! Ja, es geht, es gibt solche «Kerzen-Karussells».

Das Schattenkarussell

Das Schattenkarussell ist eine besondere Variante des Karussells, es wird ganz ähnlich gebaut wie das eben beschriebene. Wir treiben es mit nur einer Kerze an, und als Gehänge nehmen wir Scherenschnitte: Menschen, Tiere (Abb. 72). Außen herum spannen wir ein transparentes Papier, es fängt die Schatten der Figuren auf, die wir im Kreise wandern sehen (Abb. 73). Reizvoll ist es, am Transparent ebenfalls Scherenschnitte zu befestigen, jedoch von unbeweglichen Gegenständen, also von Bäumen, Blumen, Zäunen, Häuschen. Nun wandern die Figuren als Schatten zwischen diesen Dingen einher. Als Motiv für ein weih-

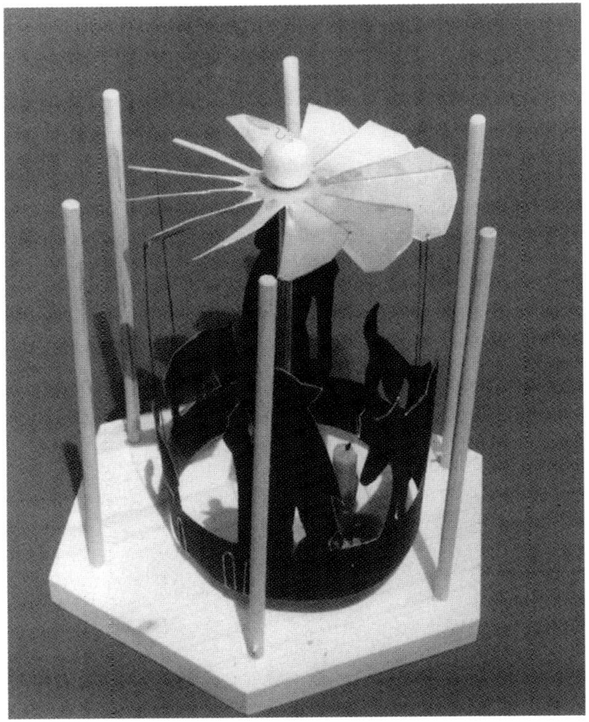

Abb. 72: Das Innere eines Schattenkarussells

nachtliches Schattenspiel eignet sich besonders die Flucht nach Ägypten.

Hier sind Antriebsflügel aus dünnem Blech zu empfehlen, und man darf das Transparentpapier nicht ganz bis zum Boden spannen, sonst bekommt die Kerze innen kei-

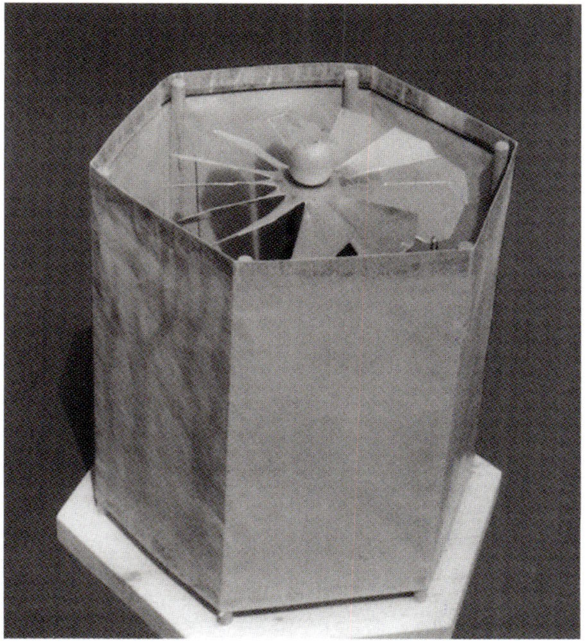

Abb. 73: Das fertige Schattenkarussell

Abb. 74: Farbige, bewegte Weihnachtslaterne

ne frische Luft. Ein Nebeneffekt bei diesen kerzengetriebenen Karussells sind die Licht- und Schattenspiele an der Zimmerdecke.

Farbig gestaltete Laternen dieser Art sind zu beziehen von Uwe Jacquet, Kidbrooke Mansion, Kidbrooke Park, Forest Row, East Sussex RH 18 5JB, England (Abb. 74). Er liefert auch die Technik mit leerem Rahmen zum Selbstgestalten der Laterne, eine wundervolle Adventsbeschäftigung, auch für Kinder. Bei seiner Laterne dreht sich ein farbiger Zylinder. Daher wird es blaue Nacht, Morgenrot, heller Tag, Abendrot. Auch die transparente Außenwand ist farbig gestaltet, sodass wundersame Farbmischungen zustande kommen.

Der Warmluftballon

Es eignen sich Tüten aus feiner Plastikfolie, die in Lebensmittelläden beim Obst griffbereit hängen, zu kleinen Ballonfahrten im Zimmer. Dazu blasen wir eine Tüte auf und halten sie vorsichtig über zwei nahe beieinander stehende brennende Kerzen. Nach kurzer Zeit steht die Tüte schon allein, und dann hebt sie ab, bis zur Zimmerdecke. Wichtig ist, dass die Tüte kein Loch hat. Ein aufgeklebtes Preisschild kann schon zu schwer sein. Aber eine zarte Beschwerung am Öffnungsrand unten ist doch nötig, sonst dreht sich die Tüte gleich nach dem Start um und lässt die warme Luft allein nach oben fahren. Man muss es vorsichtig ausprobieren. Wenn die Folie zu heiß wird, schrumpft sie. Heiße Folie nie berühren, sie klebt an der Haut fest! Beim Brennen der Folie entstehen giftige Gase!

Einen besseren Warmluftballon bauen wir uns selbst, eine leichte, aber längere Bastelarbeit ist das und dann ein einzigartiges Erlebnis, wenn der Ballon mit Feuerluft gefüllt steigt. Kein Spiel für kleine Kinder!

Als Material für die Ballonhülle nehmen wir gewöhnliches Seidenpapier (18 g pro qm), die Farbe können wir beliebig wählen; besonders schön sind Ballons aus zwei verschiedenen Farben. Nach dem in der Abbildung angegebenen Schnitt (Abb. 75) fertigen wir uns sechs Bahnen an. Die Maße sind auf die Größe der üblichen Seidenpapierformate (50 x 75 cm) abgestimmt, wir brauchen

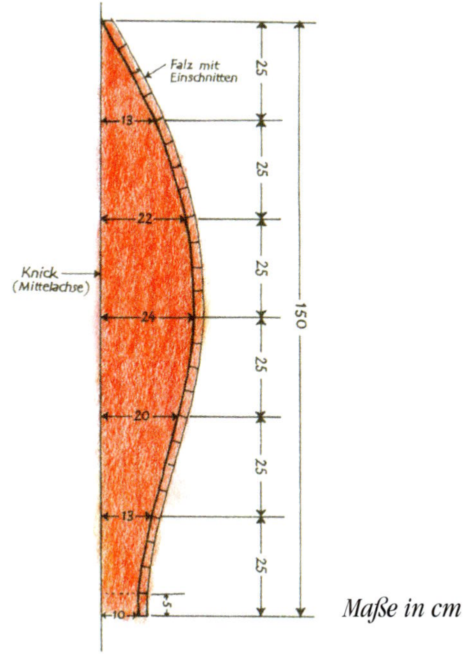

Abb. 75 (oben): Schnitt für eine Ballonbahn (doppelt liegend); Abb. 76 (unten): In dieser Weise die sechs Bahnen an den Falzen zusammenkleben.

12 Bogen. Jeweils zwei Bogen müssen mit der Schmalseite aneinander geklebt und einmal längs gefaltet werden. Es ist zu empfehlen, zum Ausschneiden der sechs Bahnen sich eine Schablone aus Packpapier zu machen, dann geht es leichter. Außerdem ist schon eine Vorarbeit geleistet, wenn der Ballon verbrannt sein sollte und man gerne einen neuen hätte. Die Bahnen sind symmetrisch und können daher in gefaltetem Zustand nach der Halbschablone doppelt liegend geschnitten werden. Der Falz ist ca. 1 cm breit.

Wenn die sechs Bahnen fertig zugeschnitten sind, kleben wir sie nach der Zeichnung (Abb. 76) an den Falzen zusammen. Schließlich wird der letzte Falz an die erste Bahn geklebt, der Ballon ist fast fertig, er braucht noch an der Öffnung unten eine Verstärkung aus kräftigem Papier. Er kann zusammengefaltet transportiert werden.

Nun geht es über das Feuer. Dabei muss man sehr vorsichtig sein. Es kann wohl nicht viel passieren, wenn der Ballon verbrennt, aber es ist schade um die viele Mühe, die darin steckt. Zum ersten Start eignet sich die Flamme eines kräftigen Campingkochers. Der Start kann in einem hohen Zimmer oder in einem Treppenhaus erfolgen. Unter den Brenner legen wir eine unbrennbare Unterlage, z.B. ein Blech. Über den Brenner stülpen wir ein unten eingeschlitztes Ofenrohr (Abb. 77). Die Schlitze lassen Frischluft zur Flamme.

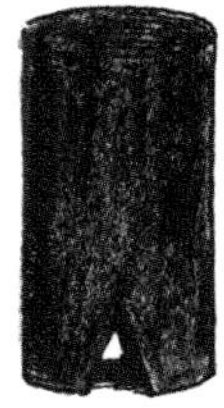

Abb. 77: Eingeschlitztes Ofenrohrstück

Zum Start braucht man eine Zweiermannschaft. Einer hält den Ballon oben, einer unten. Weit über der Flamme öffnen wir den Ballon, die warme Luft wird ihn aufblähen. Nun senken wir ihn langsam, stets beobachtend, bis die Flamme im Ballon steht. Nach wenigen Augenblicken wird er ganz von selbst hochsteigen. Nicht vor Freude die Flamme aus den Augen lassen!

Im Freien ist der Start nicht so einfach; wir können zwar grundsätzlich nur an windstillen Tagen starten, aber ein schwacher Luftzug ist immer da. Nach Möglichkeit wählen wir als Startplatz eine geschützte Ecke. Es ist schon eine Hilfe, wenn viele Zuschauer einen engen Kreis um die Startstelle bilden. Zum Aufheizen machen wir ein offenes Holzfeuerchen. Bitte warten, bis die Flammen nicht mehr züngeln, aber die Holzkohlenglut noch glimmt. Die Glut wird gut zusammengezogen. Bei einem Gartenfest sah ich Ballons über einem Feuer in einer Tonne mit gutem Erfolg starten. Es hat sich auch ein etwa

1,60 m hohes Dreibein aus Eisenstangen über einem Feuer sehr bewährt. Das «Zwergerlfeuer» von Abb. 63 kann ebenfalls hilfreich sein.

Selbstverständlich dürfen wir im Wald kein Feuer machen, da wäre große Waldbrandgefahr! Der Ballon würde außerdem leicht in einem Baum hängen bleiben und schließlich könnten wir ihn dort gar nicht lange

Abb. 78 a – d: Start eines Warmluftballons

beobachten. Offenes Gelände ist gut für unseren Zweck. Man sollte sehr darauf achten, dass keine Straße in der Nähe ist. Ein niedergehender Ballon könnte Autofahrer erheblich irritieren!

Es ist möglich, dass der Ballon steigend sich zur Seite neigt oder gar seine Öffnung nach oben wendet, dann entweicht die warme Luft. In diesem Fall muss der Ballon unten beschwert werden, etwa mit einer Wäscheklammer; aber es kann auch ein Körbchen sein, das an dünnen Drähten hängt und ein Püppchen als Ballast mit in die Lüfte nimmt. Was muss das glückliche Püppchen für einen herrlichen Blick haben!

Die vorgeschlagenen Maße des Ballons können vergrößert werden, alle im gleichen Maßstab. Bei verdoppelten Maßen ist der Ballon viermal so schwer, aber es passt achtmal so viel Warmluft hinein, der Ballon steigt wesentlich besser, er ist aber auch viel empfindlicher.

Wir starten den Ballon natürlich niemals mit einer unter ihm befestigten Flamme. Das ist sehr gefährlich und deswegen auch verboten. Bei Beachtung der Vorsichtsmaßnahmen wird die Mühe des Bauens durch schöne Flüge sicherlich belohnt werden.

Der Sonnenballon

Dieses Spielzeug gibt es fertig zu kaufen, es sind schwarze, dicke Würste aus extra dünner und leichter Plastikfolie. Die luftgefüllte Hülle legt man einfach in die Sonne, die schwarze Farbe nimmt die Sonnenwärme schnell auf und gibt sie an die Luft innen weiter, diese dehnt sich, gibt dem Ballon Auftrieb, und er steigt. Man soll ihn an einem Faden verankern, damit er nicht wegfliegt, und wieder nur bei Windstille starten. Diesmal nehmen wir die Wärme nicht von einem irdischen Feuer, sondern vom Sonnenfeuer. Es soll auch Leute geben, die es mit einer einfachen Plastiktüte geschafft haben.

Bimetallwippe

Das Bimetall ist eine feine Sache. Es ist ein Streifen Metall, wie eine Uhrfeder aufgewickelt oder auch gestreckt. Jedenfalls besteht es, wie der Name sagt, aus zwei verschiedenen Metallen, die ganz fest zusammengefügt sind. Nun dehnen sich diese Metalle bei Erwärmung verschieden stark aus, und die Folge davon ist, dass sich der Streifen biegt bzw. dass sich die Spirale weiter aufwickelt. Bei Abkühlung geschieht die entgegengesetzte Bewegung.

Hier sei eine Möglichkeit beschrieben, wie man mit einer Bimetallspirale ein schönes Spielzeug machen kann: Wir bauen eine Wippe, darauf können wir später etwa zwei Wichtlein setzen. Über dem Drehpunkt der Wippe bringen wir ein Teelicht an. Die Wippe bekommt einen Drahtbügel aufgesetzt, der das Teelicht überspannt. An diesem Drahtbügel befestigen wir nun die Bimetallspirale mit einem Ende. Das andere Ende des Bimetalls bekommt ein Stückchen Draht angelötet, und an dessen Ende befestigen wir eine Perle. Die Perle dient als Gewicht. Nun müssen wir es so einrichten, dass im Ruhezustand die Spirale gerade über dem Docht postiert ist und die Perle auf einer Seite an einem Anschlag hängt und diese belastet. Nach dieser Seite ist die Wippe geneigt. Nun zünden wir das Teelicht an. Die Flamme heizt die Spirale auf, diese bringt die Perle auf die andere Seite, und die Wippe wippt hinüber. In dieser Position kühlt die Spirale ab, denn sie

Abb. 79: «Lichtwippe»

liegt nun neben der Flamme, die Perle wird wieder zur ersten Seite gelangen, und die Wippe wippt zurück. Das Spiel beginnt von neuem. Ein Spiel zum Zusehen, für den Kaffeetisch in der Dämmerstunde.

Einen herzlichen Glückwunsch dem Bastler, dem dieses Kunststück gelingt. Als Bausatz ist sie vom Verfasser zu beziehen, siehe unter www.spielzeug-kraul.de.

Das tönende Rohr

Man nimmt ein Stück Ofenrohr, etwa einen Meter lang. In dieses Rohr steckt man von dem einen Ende her zu etwa einem Viertel des ganzen Rohres mehrere feine Drahtgeflechte. Wenn man nun mit einer kräftigen Flamme, einem Bunsenbrenner oder einem Campingbrenner, die Gitter erhitzt und das Rohr senkrecht haltend von der Flamme nimmt, beginnt es nach wenigen Augenblicken zu tönen, erstaunlich lange und durchdringend: Die im Rohr aufsteigende Warmluft ist der Anlass zu Schwingungen im Rohr, die wir dann hören. Man kann sagen, hier handelt es sich um eine mit Feuer angeblasene Orgelpfeife.

Schattenspiele

Auch das Schattentheater* ist ein Spiel mit dem Feuer, sofern wir als Lichtquelle eine Flamme nehmen. Für ein Schattentheater ist das allerdings zu gefährlich, obwohl man es vor der Erfindung des elektrischen Lichtes so gemacht hat.

* Siehe auch Erika Zimmermann, *Wir spielen Schattentheater*, Stuttgart [4]1989.

Hier ist an ein anderes Schattenspiel gedacht. Jeder hat schon einmal im Dunkeln gesessen und ein brennendes Licht vor sich gehabt. In der Nähe stand vielleicht ein Gegenstand, dahinter war es ganz düster, da war Schatten. Wer nun das Licht vorsichtig bewegt, der sieht, wie der Schatten sich entgegenbewegt, immer vom Licht weg. Im Grunde genommen ist das ganz klar, man muss es aber einmal so richtig erlebt haben, das Wandern der Schatten. Dann geht es einem so wie mir: Daraus muss sich ein Spiel machen lassen! Und so entstand nach langem Probieren das «Waldschattenspiel» (Abb. 81; siehe auch www.spielzeug-kraul.de). Wie das geht? Ich will es verraten:

Wir nehmen als Spielfläche einen Karton und färben ihn so, wie eben Waldböden gefärbt sind. Darauf malen wir uns Wege, bestehend aus Kreisen, so groß wie der Napf des Teelichtes, das wir später verwenden werden. Nun basteln wir uns Bäume, z.B. aus zwei spitzen Sperrholzbrettchen mit Schlitz (Abb. 80), die wir kreuzweise ineinander stecken. Diese Bäume, entsprechend gefärbt, stellen wir auf den Waldboden, dort, wo keine Wege sind. Einen Würfel brauchen wir noch und einige «Halmamännchen».

Wenn es im Zimmer dunkel geworden ist, geht es los. Ein Erwachsener macht den Lichtführer, er zündet das Teelicht an und stellt es an eine beliebige Stelle des Weges. Die Bäume werfen alle ihre Schatten. Nun hält

Abb. 80: Die zwei Teile eines Waldschatten-Baumes

sich der Spielführer die Augen zu, die Kinder verstecken die Halmamännchen, das sind Zwerge, in den Schatten der Bäume. Wenn das geschehen ist, würfelt der Lichtführer und zieht danach in irgendeiner Richtung, aber er bleibt auf dem Weg. Wenn ein Zwerglein beleuchtet wird, ist es gefunden. Welches Zwerglein wohl am längsten versteckt bleibt? – Wir können einen Baum als «Anschlag» auswählen; wer im Schatten dorthin kam, hat sich frei geschlagen.

Das Spiel lässt sich erweitern: Jetzt dürfen die Zwerglein vor dem Licht davonlaufen, sie müssen aber immer im Schatten bleiben. Nach jedem Zug hält sich der Lichtfüh-

Abb. 81: Das «Waldschattenspiel»

rer die Augen zu, und die Zwerglein verstecken sich neu, dabei dürfen sie keinen noch so schmalen Lichtstreifen am Waldboden überqueren.

Nun stellen wir zur Bedingung, dass sich alle Zwerglein unter einem beliebigen Baum treffen, ohne ins Licht zu kommen. Und wenn ein Zwerglein doch ins Licht kommt, kann es erlöst werden, wenn ein anderes im Schatten zu ihm kommt. So lange bleibt das Zwerglein gebannt, es muss dort stehen bleiben. Wenn das Spiel kein Ende findet, waren zu viele Bäume aufgestellt, wir nehmen welche weg.

Dies waren Variationen zum «Waldschattenspiel», einem Spiel zwischen Licht und Schatten. Es lassen sich gewiss auch andere Schattenspiele erfinden.

Der Feuerberg

Ein Gemeinschaftsspiel aus unbrennbarer Keramik ist der «Feuerberg». Am Gipfel brennt ein Teelicht, und in den sechs Höhlen stecken Zündhölzer bereit. Von den Höhlen zum Gipfel werden von den Mitspielern Feuerleitungen aus ölgetränkten Baumwollfäden gelegt. Wer zuerst oben am Feuer ist, darf seine Feuerleitung entzünden. Alle Mitspieler sehen zu, wie das Feuer zum Zündholz wandert und es entzündet (Abb. 82). Der Verlegung der Feuerleiter können aber Widerstände entgegentreten in Form von Wind, Wasser und Felsen. Die Entscheidungen fallen durch zwei Würfel.

Dieses Spiel mit dem Feuer ist im Handel erhältlich. Näheres bei www.spielzeug-kraul.de.

Abb. 82: Spiel mit dem Feuerberg

Farbige Schatten

Um farbige Schatten zu erhalten, brauchen wir in einem dunklen Raum zwei Kerzen oder Teelichte und klare Farbfolien. In nahem Abstand von den beiden Kerzen stellen wir einen Gegenstand auf, z.B. eine Zündholzschachtel, sie wirft zwei Schatten. Wo beide sich überdecken, ist es ganz finster: Kernschatten. Die anderen sind die Halbschatten, weil sie jeweils von einem Licht noch aufgehellt werden. Am besten sehen wir die Schatten auf weißem Papier, das den Untergrund am Tisch bildet.

Nun halten wir vor die hellere Flamme eine Farbfolie, z.B. eine rote. Man kann auch eine übliche Grableuchte verwenden. Sogleich ist die Umgebung rot gefärbt, auch der Halbschatten der anderen Kerze. Der Halbschatten

Abb. 83: Der farbige Schatten

des roten Lichtes aber ist zart grün, obwohl kein grünes Licht da ist! Färbt man das Licht einer Kerze grün, so ist der Schatten rot. Rot und Grün nennt man Komplementärfarben, also sich ergänzende Farben. In ähnlicher Weise ergänzen sich Blau und Orange, Gelb und Violett.

Was geschieht nun, wenn beide Kerzen eine Farbfolie vorgehalten bekommen? Dann spricht man von gefärbten Schatten. Es lohnt sich, in der beschriebenen Weise damit zu spielen, man kann auch die Lichter dreier Kerzen färben und die vielen Farbschattierungen der Schatten studieren. Es reizt, damit etwas anzufangen: Wie wäre es mit einem farbigen Schattentheater?

Der Regenbogen

Tautropfen funkeln manchmal farbig im Sonnenlicht, und auch der Regenbogen bekommt seine Farben von Tropfen, vom fallenden Regen. Es gibt noch einen anderen Weg, die sieben Regenbogenfarben zu sehen. Die Flamme einer Kerze erscheint in den Farben Rot, Gelb, Grün, Blau, Violett, wenn wir sie durch ein Prisma aus Glas betrachten. Wir müssen wesentlich tiefer blickend das Prisma drehen, bis wir die farbige Flamme finden. Am Anfang wird etwas Geduld nötig sein.

Das Prisma kann aus Acrylglas sein, das ist billiger;

Abb. 84: Das auf einer Kante stehende Prisma

echtes Glas ist teuer, gibt aber noch schönere Farben. Natürlich schauen wir dann auch andere Dinge der Umgebung an: Überall, wo Helligkeit und Dunkelheit zusammenstoßen, entstehen Farben. Wer gut aufpasst, findet auch noch eine neue Farbe, die in der Kerze nicht zu sehen ist, ein herrliches helles Rotviolett.

Ein richtiges Stückchen Regenbogen können wir ins Zimmer holen, wenn ein Prisma auf einer Kante stehend (Abb. 84) in ein sonnenbeschienenes Fenster gestellt wird. Auf der Wand gegenüber erscheint in hellen Farben das «Spektrum» (Abb. 85).

Abb. 85: Lichtspektrum des Prismas.

Das Spiel mit Sonnenstrahlen

Sonnenstrahlen sind unsichtbar, und trotzdem kann man mit ihnen spielen. Man braucht dazu nur Spiegel. Es ist nicht der üble Scherz gemeint, einen Lehrer durch zappelnde Lichtflecke zu irritieren oder gar einen Mitmenschen zu blenden.

Ein Spiegel leitet das Licht, das von Natur aus schnurgerade verläuft, um die Ecke. Mehrere Spiegel leiten das Licht um mehrere Ecken. So kann man das liebe Sonnenlicht zu manch einer Stelle leiten, zu der es von allein nie hingelangen kann, z.B. tief in einen Keller. Die Spiegel fest aufzustellen taugt nicht viel, denn die Sonne wandert erstaunlich rasch. Man muss die Spiegel schon halten und den Sonnenstrahl stets auf den nächsten Spiegel lenken, das ist gerade der Spaß. Wenn das Licht um mehrere Ecken gehen soll, muss an jeder Ecke jemand mit einem Spiegel stehen. Zum Schluss kann z.B. das im vorhergehenden Abschnitt besprochene Prisma aufgestellt sein, dann haben wir an einem finsteren Ort die leuchtenden Regenbogenfarben.

Blitzbäume

Mit dem Blitz, dem himmlischen Feuer, zu spielen sei dringend abgeraten. Manch einer, der einen Drachen in eine Gewitterwolke steigen ließ, soll diesen Versuch mit dem Leben bezahlt haben.

Wir werden aber gern Kindern Gelegenheit geben, den Blitzen ferner Gewitter zuzusehen. Ich erinnere mich, wie ich als Kind eigentlich schlafen gehen sollte, meine Mutter aber immer wieder darum bat, einen weiteren Blitz sehen zu dürfen.

Wer mit offenen Augen durch die Welt geht, wird öfter als erwartet einem Baum begegnen, an dem ein Blitzstrahl seine Spur hinterlassen hat. Solange sie noch frisch ist, fällt sie deutlich auf. Allein stehende Bäume werden oft getroffen (Abb. 86).

Feuer löschen

Eine wichtige Frage: Wie löscht man Feuer? Jedes Kind wird antworten: «Mit Wasser.» Es ist natürlich richtig, dass das Element Wasser das Element Feuer besiegen kann, falls es stark genug ist, das heißt in genügender Menge vorhanden ist. Wie es dabei pufft und dampft – auch das ist ein Erlebnis!

Abb. 86: Zwei von einem Blitz getroffene Kiefern im Zillertal

Die Luft kann auch ein Feuer beenden. Wir pusten zum Beispiel Kerzen und Zündhölzer aus. Andererseits versuchen wir gelegentlich durch Pusten eine Glut zu Flammen zu steigern, weil wir wissen, dass Feuer die Luft braucht, damit es richtig brennt. Nur kleine Feuerchen können ausgeblasen werden. Große Feuer werden durch Wind angefacht, den sie sich sogar selbst erzeugen. Bei Großbränden gibt es den Feuersturm!

Mit Erde kann man auch gut Feuer löschen. Erde kühlt und lässt keine Luft mehr an die Flammen. Als Krieg war, mussten auf jedem Speicher Kübel mit Sand zum Löschen bereitstehen. Man kann leicht ausprobieren, wie man das Feuer, an dem man Würstchen gebraten oder einen Warmluftballon gefüllt hat, mit Sand und Erde löschen kann. Damit sind wir wieder bei der Erde angelangt – der Kreis ist geschlossen.

Nachwort

Dieses kleine Buch bildet mit dem vorangehenden dieser Reihe eine Einheit, beide zusammen geben Anregungen zum Spiel mit den alten vier Elementen Erde, Wasser, Luft und Feuer. Der Anstoß zum Aufschreiben dieser Spiele kommt aus Beobachtungen an Kindern, die spontane Freude zeigen bei der Begegnung mit den Elementen und ganz von selbst glücklich zu spielen beginnen.

Das Buch wurde auch aus Sorge um die Zukunft geschrieben. Unsere technischen Errungenschaften in allen Ehren – wir haben noch nicht recht gelernt zu wissen, wo die Anwendungen der «Innovationen» gerechtfertigt und dienlich sind und wo nicht. Der Computer steht im Kinderzimmer bestimmt an der falschen Stelle, auch wenn man mit ihm angeblich spielen kann. Er entfernt unsere Kinder von der Wirklichkeit, bis sie schließlich gar nichts mehr mit dem anzufangen wissen, womit uns die Natur umgibt: mit den Elementen. Dieses Büchlein möchte sich nicht gegen die Technik wenden, im Gegenteil: Es werden eine Menge einfacher, durchschaubarer Techniken aufgezeigt. Es möchte an die Grundlagen erinnern und helfen, dass das Bewusstsein für die vier Elemente nicht verloren geht.*

Noch eine weitere Absicht bewog den Verfasser zur Arbeit an diesen Bändchen: Wir tun unseren Kindern keinen Gefallen, wenn wir ihnen nur fertiges Spielzeug geben. Das Kind kann, will und soll sich in bewältigbaren Grenzen um Erfolge abmühen. Bedenklich stimmen die vielen Angebote von fertigen (und teuren) Spielzeugapparaten. Kinder, die damit verwöhnt worden sind, werden später das Anspruchsdenken demonstrieren. Forderungen werden an die Außenwelt gestellt, nicht an sich selbst. Es ist lebensentscheidend,** wie und mit welchem Spielzeug unsere Kinder aufwachsen.

Einzelne Dinge, die man zum Bau der beschriebenen Vorrichtungen benötigt, sind nicht leicht zu beschaffen, insbesondere Rillenräder, Farbfolien, Glasprismen und Bimetallspiralen. Diese Dinge können vom Verfasser gegen Einsendung von je 5 Euro in Briefmarken bezogen werden, das Prisma ist aus Acrylglas, Echtglasprismen auf Anfrage. Die Adresse: Neufahrner Weg 2, 82057 Icking. Möge dieses Büchlein zu frohem und ernsthaftem Spiel mit den Elementen beitragen!

* Siehe Georg Kniebe, *Die vier Elemente*, Verlag Freies Geistesleben, Stuttgart 1993.

** Siehe Heidi Britz-Crecelius, *Kinderspiel – lebensentscheidend*, Stuttgart [6]1993.

Walter Kraul
Erscheinungen am Sternenhimmel

Die Bewegungen der Gestirne beobachten und verstehen.
134 Seiten, durchgehend farbig illustriert, gebunden

Dieses Buch macht es dem Betrachter leicht, Himmelsphänomene zu verstehen. Anschaulich stellt Walter Kraul alle wesentlichen Erscheinungen am Sternenhimmel dar. Die Besonderheiten von Sonne und Mond, Fixsternen und Planeten, Kometen und Meteoren und die Verwandlung der Himmelserscheinungen rund um den Globus werden so lebendig geschildert, dass der Leser zum unmittelbaren Beobachten angeregt wird.

«Man kann sich kein besseres Buch für Erwachsene und auch für Kinder vorstellen, das einen begeistert, das einem hilft, den Blick wieder und immer wieder mit Staunen und Ehrfurcht zu unserem Sternenhimmel zu erheben.»

Erziehungskunst

A. Weissenberg-Seebohm

Mit Kasperle durch das Jahr

Werkbücher für Kinder, Eltern und Erzieher, Band 5
64 Seiten mit schwarzweißen Abbildungen, kartoniert

Wenn sich der kleine Vorhang öffnet und fröhlich das Kasperle seine Zuschauer begrüßt, schlagen Kinderherzen höher. In diesem Buch finden sich vier Stücke, die einen Bezug zu den Jahreszeiten und den vier großen Festen – Ostern, Johanni, Michaeli und Weihnachten – haben und so das ganze Jahr über das Wohn- oder Kinderzimmer zu einem besonderen Theater werden lassen.

Renate Jörke

Färben mit Pflanzen

Arbeitsmaterial aus den Waldorfkindergärten, Band 3
80 Seiten mit zahlreichen Zeichnungen, kartoniert

Von einem historischen Abriss über die alte Kunst des Färbens, einer kleinen Textilkunde, den einzelnen farbgebenden Pflanzen und ihrer Erntezeit bis zu den Techniken des Färbens selbst schildert Renate Jörke in Text und begleitenden Illustrationen die wesentlichen Hintergründe und Möglichkeiten des Färbens mit naturbelassenen Materialien.

Verlag Freies Geistesleben

Freya Jaffke

Spielzeug – von Eltern selbst gemacht

Arbeitsmaterial aus den Waldorfkindergärten, Band 1
1[illegible] Seiten mit zahlreichen farbigen und schwarzweißen Abbildungen, kartoniert

Der Spielzeug-Klassiker jetzt in einer farbig illustrierten Neuausgabe.
Hier lernen Eltern, wie sie einfaches Spielzeug, das die kindliche Fantasie zum Spielen anregt, selber machen können.

Freya Jaffke

Mit Kindern malen

Wachsfarben, Aquarellfarben, Pflanzenfarben
Arbeitsmaterial aus den Waldorfkindergärten, Band 20
79 Seiten mit farbigen Abbildungen, kartoniert

Mit ihrem Malbuch will die erfahrene Waldorfkindergärtnerin und Dozentin Freya Jaffke das Malen mit Wachs-, Aquarell- und Pflanzenfarben anregen. Dabei erhält der Erwachsene zahlreiche Hinweise, wie er selbst mit diesen Farben umgehen kann, damit die Kinder durch sein Vorbild zu einem malerischen Tun angeregt werden.

Verlag Freies Geistesleben